Josef F. Justen

AF218935

Im Himmel
herrscht Hochbetrieb

**Wesen und Aufgaben
der Engel
und ihre Bedeutung
für den Menschen**

*Engel kommen vielleicht nicht,
wenn du sie rufst,
aber sie werden immer da sein,
wenn du sie brauchst.*

An meinen Engel

Immer bist Du zur Stelle.

Lässt mich finden,
*   was ich suche,*
lässt gelingen,
*   worum ich bange,*
lässt mich aufhorchen
*   für das, was ansteht.*

Wenn mir Tränen fließen,
*   wenn ein Druck im Hals,*
bist Du gegenwärtig.

Wenn ich vor Erregung bebe,
*   lenkst Du meinen Atem.*

Vieles ordnest Du im Voraus,
*   was mich sonst*
*   überfordern würde.*

Froh und dankbar
seuf'z ich dann mein Danke,
*   Dank, mein Engel, danke,*
dass Du immerfort zur Stelle.

Renate Loebner[1]

Im Himmel herrscht Hochbetrieb

Wesen und Aufgaben der Engel und ihre Bedeutung für den Menschen

Josef F. Justen

1. Auflage
2021

Bibliografische Information der Deutschen Nationalbibliothek:
Die Deutsche Nationalbibliothek verzeichnet diese Publikation
in der Deutschen Nationalbibliografie; detaillierte bibliografische
Daten sind im Internet über dnb.dnb.de abrufbar.

Coverfoto: © Foto auf pixabay

Herstellung und Verlag:
BoD – Books on Demand, Norderstedt

ISBN: 9783752628913

Inhaltsverzeichnis

Vorwort

In den beiden größten Weltreligionen, dem *Christentum* und dem *Islam*, sowie auch im *Judentum* spielen *Engel* eine große Rolle. Der Glaube an diese Wesen ist nicht verwunderlich, da sie in den heiligen Schriften dieser Religionen sehr häufig vorkommen. So taucht der Begriff »Engel« im Alten Testament 128 Mal, im Neuen Testament 150 Mal und im Koran immerhin noch 88 Mal auf. Schon dieser rein quantitative Aspekt macht deutlich, dass Engel sehr wichtige und bedeutsame Wesen sein müssen.

Die in christlichen Kreisen wohl *bekanntesten* Bibelverse, die von einem Engel handeln, stehen in unmittelbarer Verbindung mit der Geburt und frühen Kindheit Jesu.

Lukas berichtet, dass der Engel *Gabriel* der *Maria* erschien, als sie im sechsten Monat schwanger war. Er kündigte ihr die Geburt des Heilands an: *»Fürchte dich nicht, Maria! Du hast Gnade bei Gott gefunden. Siehe; du wirst schwanger werden und einen Sohn gebären; den sollst du Jesus nennen. Dieser wird groß sein und Sohn des Höchsten genannt werden.«*[2] Lukas schildert noch über eine zweite Engelerscheinung. Ein Engel des Herrn trat zu den Hirten, die auf dem Felde Nachtwache für ihre Herde hielten, und sprach: *»Fürchtet euch nicht! Siehe, ich verkündige euch große Freude, die für alle Menschen bestimmt ist. Geboren ist euch heute der Heilbringer, Christus, der Herr, in der Stadt Davids.«*[3] Matthäus erzählt davon, dass drei Mal ein Engel des Herrn dem Josef im Traum erschienen ist und ihm bestimmte Anweisungen gab. Bei der ersten Erscheinung wies der Engel Josef an, seine schwangere Frau zu sich zu nehmen und dem Kind den Namen Jesus zu geben.[4] In einem weiteren Traum forderte der Engel ihn später auf, mit dem Kind und der Mutter nach Ägypten zu fliehen, damit das Jesuskind dem durch König Herodes angeordneten Kindermord entkommen konnte.[5] Ein drittes Mal erschien der Engel ihm im Traum, nachdem Herodes gestorben war, und gab ihm die Anweisung, wieder ins Land Israel zurückzukehren.[6]

Diese Bibelstellen sind als ein Indiz dafür zu werten, dass Engel sich in bestimmten, besonders entscheidenden Situationen einem Menschen durchaus offenbaren können, um ihm beispielsweise wichtige Mitteilungen zu machen oder Anweisungen zu geben.

Bereits in den alten Kulturen glaubten die Menschen, dass diese ›himmlischen Wesen‹ ihre Geschicke leiten. Von manchen nahm man an, dass sie einen beschützen, von anderen, dass sie einem Schaden zufügen könnten. Insbesondere das Motiv des »Schutzengels« ist auch heute noch sehr aktuell. Viele Kinder, die in einem christlichen Umfeld aufwachsen, glauben an ihren Schutzengel.

Engel haben seit Jahrhunderten immer wieder Maler, Bildhauer, Dichter und Komponisten inspiriert. Sie werden heute kaum eine katholische Kirche finden, in der keine Engelbildnisse zu finden sind. Auf den meisten Gemälden werden die Engel als eine menschliche oder zumindest menschenähnliche Gestalt mit langen Haaren und goldenen Flügeln dargestellt.

Seit einigen Jahrzehnten sind die Engel so richtig in Mode gekommen. Sie sind zu einem Thema geworden, das nicht nur religiös gesinnte Menschen fasziniert. So gibt es heute Hunderte von Büchern, die von Engeln handeln. Auch in vielen Haushalten befinden sich Bilder oder Figuren, die ein solches Wesen darstellen. Viele Dinge des alltäglichen Lebens sind mit Engelbildern verziert. Insbesondere in esoterischen Kreisen haben Engel Hochkonjunktur. In vielen Fällen sind jedoch sowohl die Darstellungen von Engeln als auch die Vorstellungen, die man sich über sie macht, sehr naiv und geradezu kitschig. Sie eignen sich allenfalls, um das Gemüt zu befriedigen. Dem Verstand können sie nicht viel bieten.

Wenn man zu tieferen Erkenntnissen über das Wesen und Wirken der Engel sowie deren Bedeutung für uns Menschen gelangen möchte, so kommt man – wie wir noch sehen werden – mit *exoterischen* Dokumenten, wie auch die Bibel eines ist, nicht allzu weit. Wir müssen nach Quellen suchen, in denen Menschen schildern, welche die Gabe haben, Engel sowie andere geistige Wesen, Welten und Phänomene *hellsichtig* wahrnehmen und studieren zu können. Die Darstellungen, die in diesem Buch gegeben werden sollen, basieren ganz wesentlich auf den Forschungsergebnissen, die der große Geisteslehrer und Eingeweihte *Dr. Rudolf Steiner*, der Begründer der *Anthroposophie*, vor rund 100 Jahren im Auftrag der geistigen Welt der Menschheit geschenkt hat. Ohne ihn wäre es niemals möglich gewesen, ein solches Buch wie das, was Sie gerade in Ihren Händen halten, zu schreiben.

In diesem Buch sollen *insbesondere* Antworten auf die folgenden Fragen gefunden und ausführlich erläutert werden:

☞ Gibt es *verschiedene Arten* von Engeln?

☞ Wie können wir uns einen Engel vorstellen?

☞ Was sind ihre *Aufgaben*?

☞ Was leisten Engel für uns Menschen?

☞ Waren Engel in urferner Vergangenheit Menschen?

☞ Werden die Menschen in urferner Zukunft Engel?

☞ Was können wir Menschen für unseren Engel tun?

Anmerkung:

»Alle Zitate von Rudolf Steiner sind in einer anderen Schriftart gedruckt, um auf den ersten Blick als solche erkannt zu werden.«

»Zitate von anderen Persönlichkeiten, Bibelverse und dergleichen sind kursiv gedruckt.«

1. Teil

(Grundlagen)

In dem vorliegenden Buch geht es um tiefe geisteswissenschaftliche Erkenntnisse. Somit versteht es sich von selbst, dass man sich nur langsam an diese Thematik heranwagen kann.

Es müssen in diesem 1. Teil zunächst ein paar Bausteine zusammengetragen werden, die für das Verständnis dessen, was im 2. Teil dieses Buches, dem Hauptteil, geschildert werden soll, notwendig oder zumindest hilfreich sind. Genauso wie man sich in der Mathematik erst mit den Grundrechenarten vertraut machen muss, bevor man sich etwa an die Differentialrechnung heranwagen kann, muss man auch hier erst ein paar Grundbegriffe kennenlernen, bevor man so schwierige Fragen wie die, welche im Vorwort aufgelistet wurden, beantworten kann. Insbesondere ein Leser, der noch nicht mit der Anthroposophie in Berührung gekommen ist, sollte sich mit dem im 1. Teil des Buches Dargestellten, das aus 4 kurzen Kapiteln besteht, gründlich befassen. Diese Grundlagen sind auch sehr nützlich, wenn Sie später vielleicht einmal weiterführende anthroposophische Literatur lesen möchten. Alle Themen, die in diesem 1. Teil angerissen werden, und viele weitere werden in unserem Buch *»Das Götterprojekt ›Mensch‹ – Entstehung, Wesen und Ziel des Menschen – Einführung in die grundlegenden Erkenntnisse der Anthroposophie Rudolf Steiners«* in sehr ausführlicher Weise behandelt.

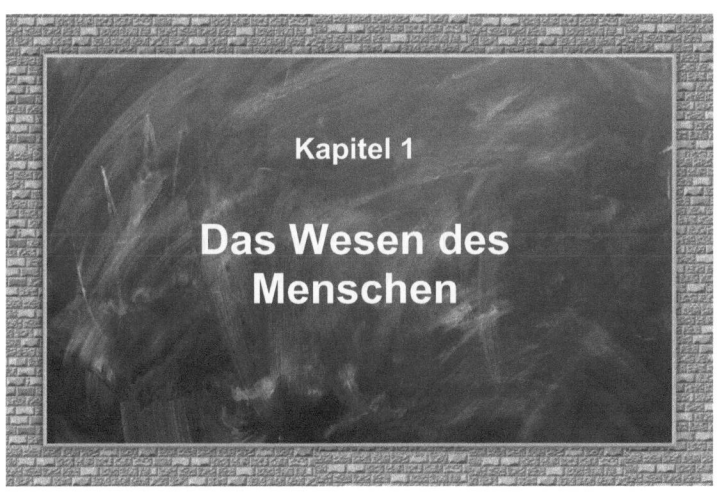

Kapitel 1

Das Wesen des Menschen

*Wir sind nicht Menschen,
die spirituelle Erfahrungen machen,
sondern spirituelle Wesen,
die menschliche Erfahrungen machen.*

Pierre Teilhard de Chardin

In Kapitel 6 werden wir uns mit dem nicht ganz einfachen Thema, wie man sich das Wesen der *Engel* vorstellen kann, befassen. Dazu ist es notwendig, vorher zunächst einmal einen Blick darauf zu werfen, was eigentlich ein *Mensch* ist. Solange man nicht weiß, was ein Mensch *wirklich* ist, kann sich einem auch nicht erschließen, was ein Engel ist. Außerdem wäre es dann nicht möglich, die vielen Aufgaben, welche die Engel für uns Menschen übernehmen, sowie die zahlreichen Wohltaten, die sie uns erweisen und von denen in Kapitel 7 geschildert werden wird, zu verstehen.

Wir müssen uns in diesem Kapitel damit befassen, was einen Menschen ausmacht, was ihn etwa vom Tier unterscheidet, welche »Wesensglieder« er besitzt, und was man unter der »Evolution« bzw. »Entwicklung« des Menschen verstehen kann.

1.1 Was ist der Mensch?

Wir alle sind Menschen und leben schon seit vielen Jahren als ein solches Wesen auf der Erde. Obwohl wir selbstverständlich wissen, wie unser Körper und diejenigen unserer Mitmenschen aussehen und sich anfühlen, wie wir wahrnehmen, denken und fühlen, was wir in unserer Eigenschaft als Mensch so alles machen und leisten, ist es nicht einfach, zu charakterisieren oder gar zu definieren, was ein Mensch *wirklich ist*, wie er sich etwa von den höheren Tieren unterscheidet usw.

Wenn man heute irgendetwas erklären möchte, so ist man immer geneigt, möglichst prägnante und präzise *Definitionen* zu liefern. Diese Vorgehensweise ist absolut typisch für die Mathematik. Dort ist sie völlig berechtigt. Alle mathematischen Objekte lassen sich in der Tat messerscharf definieren. Das ist geradezu eine charakteristische Eigenart dieser Wissenschaft. Bis zu einem gewissen Grad kann man in den anderen Wissenschaften ähnlich verfahren. Aber je komplexer die ›Objekte‹, die man beschreiben möchte, sind, desto weniger kann man sie mit einer prägnanten Definition *erschöpfend* erfassen und verständlich machen. Das gilt in ganz besonderer Weise für alles Lebendige sowie für alles, was man nicht mit den üblichen Sinnen wahrnehmen kann, also für geistige Wesen und geistige Tatsachen.

Um dieses Problem zu verdeutlichen, sei an eine überlieferte Geschichte aus dem alten Griechenland erinnert. Auf die Frage »*Was ist der Mensch?*« gab der Lehrer die Antwort: »*Der Mensch ist ein zweibeiniges Wesen, das keine Federn hat.*« Am nächsten Tag brachte ein Schüler einen Hahn, dem er zuvor alle Federn ausgerupft hatte, mit und sagte: »*Das ist ein Mensch, denn es ist ein zweibeiniges Wesen, das keine Federn hat!*«[1]

1.1.1 Was sagt die Wissenschaft?

Selbstverständlich sind die Definitionen und Erklärungsmodelle, die unsere heutigen, zumeist materialistisch geprägten und gesinnten Wissenschaftler, also etwa die Biologen, Anthropologen und Mediziner, liefern, nicht mehr so leicht widerlegbar wie die oben angeführte. Die weitaus meisten Menschen der Gegenwart – insbesondere unsere Wissenschaftler – halten sich für so aufgeklärt und gescheit, dass sie glauben, *nahezu alles* über das menschliche Wesen zu wissen. Zunächst einmal ist es wissenschaftlicher Konsens, dass das gesamte Universum einschließlich des Menschen mehr oder weniger zufällig aufgrund physikalischer und chemischer Prozesse entstanden sei. Das ursächliche Wirken göttlicher Schöpfermächte bezeichnen sie als einen überholten und überwundenen Kinderglauben längst verflossener Zeiten.

Was ist denn nun der Mensch aus Sicht der heutigen Wissenschaft? Sie können in einem beliebigen Lexikon der letzten gut 100 Jahre oder auch im Internet nachlesen – sie werden sinngemäß stets das Gleiche finden: Der Mensch – so heißt es – sei ein höheres Säuge*tier*; er stamme vom Affen ab. Im Grunde wird der Mensch also als ein hochentwickelter Affe definiert, der sich lediglich um ein paar Gensequenzen vom Menschenaffen unterscheide. Wie Sie sicher wissen, war es *Charles Darwin*, der vor rund 150 Jahren diese Sichtweise in die Welt gebracht hat.

In neuerer Zeit treten einige Wissenschaftler auf, die in dem Menschen nichts anderes als eine komplizierte ›Maschine‹, als einen komplizierten ›biologischen, emotionsbegabten Roboter‹ sehen.

Unsere heutigen Wissenschaftler sind mittlerweile so materialistisch gesinnt, dass sie ausschließlich solches für existent halten, was sie mit den Sinnen oder ihren Instrumenten, die ja nur als Krücken zur Verstärkung der Sinneswahrnehmungen dienen, beobachten und studieren können. Das menschliche Wesen glauben sie zur Gänze verstanden zu haben, wenn sie alle Organe und Funktionen des menschlichen *Körpers* – bzw. der ›Maschine Mensch‹ – erforscht haben. Für eine *Seele* oder gar für einen *Geist* ist in diesen Lehren kein Platz mehr. Diejenigen geistig-seelischen Tätigkeiten des Menschen, die derzeit noch nicht hinreichend erklärt werden können, glaubt man, früher oder später auf heute noch nicht bekannte physiologische Wirkfaktoren und Funktionen zurückführen zu können.

Im Zweifelsfall müssen das Gehirn oder das Nervensystem herhalten, wenn es darum geht, die Urheber und die Auslöser für solche Tätigkeiten zu suchen.

Selbstverständlich geht die Wissenschaft davon aus, dass die menschliche Existenz mit dem Tode endet. Etwas Geistiges, also geistige Welten und Wesen und ein Leben nach dem Tod oder gar eine Reinkarnation, halten sie für ein Produkt der menschlichen Phantasie, für reines Wunschdenken.

1.1.2 Was sagt das konfessionelle Christentum?

Die christlichen Kirchen lassen sich noch nicht *vollends* von dem heute üblichen materialistischen Menschenbild, das sich in allen Wissenschaften breitgemacht hat, beeinflussen. Sie stützen ihre Lehren im Wesentlichen auf die Bibel. Somit ist klar, dass sie *nicht* davon ausgehen, dass der Mensch vom Affen abstammt, sondern ein göttliches Geschöpf ist. Im Katechismus der katholischen Kirche beruft man sich auf das »*1. Buch Mose*«, in dem es heißt: »*Gott schuf den Menschen nach seinem Bilde; nach dem Bilde Gottes schuf er ihn.*«[2] Zum wirklichen Wesen des Menschen können die kirchlichen Lehren aber nicht viel beitragen. Das schaut in anderen Religionen natürlich nicht anders aus. Immerhin geht man im konfessionellen Christentum davon aus, dass der Mensch noch etwas Unsterbliches in sich trägt, was meistens als *Seele* oder *Geistseele* bezeichnet wird. Auch sagen die Kirchenvertreter, dass die Existenz des Menschen *nicht* durch den Tod beendet wird, wobei ihre Lehren über das nachtodliche Leben allerdings höchst nebulös sind.

1.1.3 Der menschliche Körper – ein Wunderwerk

Im Grunde können schon einfache Betrachtungen verdeutlichen, dass der Mensch ein *ganz besonderes* Wesen ist. Wenn man etwa nur den menschlichen Körper studiert, so kann man doch nicht umhin zuzugeben, dass dieser ein absolut großes und vollkommenes Wunderwerk ist. Man braucht dabei gar nicht einmal an den wunderbaren Bau des Herzens oder des Gehirns zu denken. Dass es sich bei diesen um ganz außergewöhnlich vollkommene und verehrungswürdige Organe handelt, wird wohl kaum einer in Frage stellen.

Selbst wenn man nur *scheinbar* eher unbedeutende Teile des menschlichen Körpers, denen man oftmals gar keine Aufmerksamkeit schenkt, ein wenig näher betrachtet, so kann man nur ehrfürchtig und demütig staunen. »Wenn Sie von diesem physischen Leib meinetwillen nur ein Stück Oberschenkelknochen nehmen, den obersten Teil des Oberschenkelknochens, so ist das nicht eine massive Masse, das ist ein weiser Bau, wunderbar aus kleinen Balken zusammengefügt. Wenn Sie studieren, wie die feinen Balken zusammengefügt sind, werden Sie finden, daß alles so gebaut ist, daß es mit dem kleinsten Aufwand von Substanz das größte Ausmaß von Kraft hervorbringt, damit durch diese beiden Säulen des Oberschenkelknochens der Oberkörper getragen werden kann. Auch die vollendetste Ingenieurkunst kann heute nicht mit einer solchen Weisheit eine Brücke oder irgendein Gerüst aufbauen, wo mit einem so kleinen Aufwand von Material ein so großes Ausmaß an Kraft entfaltet wird.«[3]

Wie krank – und das ist ganz wörtlich zu nehmen – müssen unsere Wissenschaftler eigentlich sein, wenn sie behaupten, alles sei durch einen Zufall von selbst entstanden, ohne dass dazu hohe und höchste göttlich-geistige Wesen vonnöten gewesen wären?!

1.1.4 Rhythmen im Kosmos und Rhythmen im Menschen

Sie wissen vielleicht, was man unter dem sogenannten PLATONISCHEN WELTENJAHR versteht. Die Sonne geht aus Sicht der Erde an einem ganz bestimmten Punkt, dem Frühlingspunkt, auf. Aufgrund der Präzessions-Bewegung der Erde *scheint* sie rückläufig durch den Tierkreis zu laufen. Bis die Sonne aus geozentrischer Sicht alle zwölf Tierkreiszeichen durchlaufen zu haben und wieder an den Ausgangspunkt zurückgelangt zu sein scheint, dauert es

25.920 Jahre. Diesen Zeitraum nennt man »Platonisches Weltenjahr«. 2.160 Jahre braucht die Sonne also, um *ein* Tierkreiszeichen zu passieren. Man könnte hier von einem Platonischen Welten*monat* sprechen.

Was hat das mit dem Menschen zu tun?

Nun, ein gesunder erwachsener Mensch macht *im Durchschnitt* 18 Atemzüge in der Minute. Das sind 1.080 Atemzüge in der Stunde und 25.920 am Tag! Ein Mensch atmet also an einem Tag genauso häufig wie die Sonne an Jahren braucht, um einmal den kompletten Tierkreis zu durchlaufen. Schon dieses einfache Beispiel zeigt, dass der Mensch ein mikrokosmisches Abbild des großen Makrokosmos ist, aus dem er sich herausgelöst hat. Die Rhythmen im Menschen sind durch die Rhythmen des Kosmos vorgegeben. Und diese kosmischen Verhältnisse sind nach Maßgabe, nach Erfordernis des Menschen ausgerichtet. Das gilt selbst für die gesamte Beschaffenheit der Erde sowie die Umlaufbahnen und Umlaufgeschwindigkeiten der Planeten.

Der Mensch ist auf unserem Planeten das wichtigste und höchste in einem *physischen* Leib verkörperte Wesen. Ohne ihn würde die ganze Erdenwelt überhaupt keinen Sinn ergeben. Sie wäre nutz- und zwecklos. Der Mensch steht im Mittelpunkt der Götterziele. Er muss eine ganz bestimmte geistig-seelische Entwicklung durchmachen. Das kann er nur, wenn ihm dazu die richtigen Voraussetzungen und Bedingungen gegeben werden.

Um nun *wirklich* erfahren zu können, was ein Mensch ist, was ihn in seiner Wesenheit auszeichnet, müssen wir ihn – plakativ formuliert – von einem geistigen Seher, wie Rudolf Steiner einer war, »sezieren« lassen. Nur ein solcher ist in der Lage zu erkennen, aus welchen verschiedenen »Wesensgliedern« er besteht, was ihn also in seiner Gesamtheit ausmacht.

1.2 Die heutigen Wesensglieder des Menschen

Die menschlichen WESENSGLIEDER und ihre Funktionen, die wir im Folgenden betrachten wollen, waren in den Mysterienstätten aller großen früheren Kulturen – angefangen bei der urindischen Kultur vor rund 8.000 Jahren – bekannt. Natürlich wurden ihnen damals noch andere Namen gegeben. Wir wollen uns hier an die Bezeichnungen halten, die Rudolf Steiner gewählt hat (☞ Anhang, Tabelle 1, S. 169).

Ein Leser, der sich bisher noch nicht mit spirituellen Themen befasst hat, wird bei dem Begriff »Wesensglieder« des Menschen möglicherweise annehmen, dass damit so etwas wie Arme, Beine, Kopf, Rumpf, Organe usw. gemeint sei. Das ist aber ganz gewiss nicht der Fall. Letztere sind vielmehr Teile oder Komponenten *eines* Wesensgliedes, nämlich des menschlichen *Körpers*.

1.2.1 Der physische Leib

Der Körper des Menschen, den wir PHYSISCHER LEIB nennen wollen, wird geisteswissenschaftlich in seiner Gesamtheit als *ein Wesensglied* aufgefasst. Dieser Leib ist das Einzige am menschlichen Wesen, das ein nicht mit Hellsichtigkeit begabter Mensch vermöge seiner üblichen Sinnesorgane wahrnehmen kann und das die Wissenschaftler untersuchen, sezieren und studieren. Dieser Leib ist wissenschaftlich in der Tat schon bis zu einem recht hohen Grad erforscht. Aber über ihn kommt man nicht hinaus.

Einen physischen Leib haben auch Tiere, Pflanzen und Mineralien, wenngleich diese sich nach Gestalt, Substantialität und innerem Gefüge deutlich unterscheiden.

Es gibt ja heute etliche Menschen in der Welt, die heftig bestreiten, dass der Mensch unsterblich ist. Selbst viele religiös gesinnte Menschen hegen Zweifel an dieser Tatsache. Der wesentliche Grund ist gewiss darin zu sehen, dass diese Zeitgenossen den physischen Leib des Menschen als dessen *einziges* Wesensglied betrachten und sich ganz mit diesem identifizieren. Wie jeder weiß, löst sich dieser Leib nach dem Tode durch Verwesung oder Verbrennung in der Erdenwelt auf; er verwest. Solange man nur diesen physischen Leib anerkennt und unterstellt, dass das menschliche Wesen mit diesem bereits erschöpft sei, wäre es in der Tat unsinnig, wenn man sagen würde, der Mensch sei unsterblich. Auch wenn der Körper, also der physische Leib des Menschen, ein unfassbar großes Wunderwerk ist, muss man konstatieren, dass er dem Werden und Vergehen unterliegt.

1.2.2   Der Ätherleib

Man könnte sich ja einmal fragen, warum Menschen, Tiere und Pflanzen im Gegensatz zu den Mineralien wachsen und zur *Fortpflanzung* bzw. *Vermehrung* fähig sind. Diese Kräfte sind gewiss *nicht* in dem physischen Leib zu finden, denn einen solchen haben die Mineralien auch.

Nun besitzen aber Menschen, Tiere und Pflanzen noch ein höheres Wesensglied, das sich nicht den Sinnen *unmittelbar* offenbart und nur hellsichtig geschaut und studiert werden kann. Dieses immaterielle Wesensglied nannte Rudolf Steiner ÄTHERLEIB oder auch BILDEKRÄFTELEIB bzw. LEBENSLEIB. Ohne einen solchen Leib könnte in Menschen, Tieren und Pflanzen kein *Leben* sein. Auch wären diese Wesen nicht fähig, zu wachsen und sich fortzupflanzen. Die dazu *ursächlich* benötigten Kräfte befinden sich in dem ätherischen Leib.

Beim heutigen erwachsenen Menschen hat der Ätherleib etwa die gleiche Form wie der physische Leib. Dem Blick eines Hellsehers stellt sich der menschliche Ätherleib als innerlich leuchtendes, durchscheinendes, aber nicht ganz durchsichtiges *Kraftgebilde* dar. Es glänzt und glitzert alles an diesem Lichtleib in den unterschiedlichsten Farbschattierungen und Helligkeitsgraden. Der ätherische

Leib ist ähnlich organisiert wie der physische, nur sehr viel komplizierter. Er ist nicht nur mit feinen Äderchen und Strömungen durchzogen, sondern er hat auch Organe. So liegt etwa dem physischen Herzen ein »Ätherherz« zugrunde, dem physischen Gehirn ein »Äthergehirn« usw. **»Alle Organe werden in ihrer Form und Gestalt durch die Strömungen und Bewegungen des Ätherleibes gehalten. [...] Es ist eben der Ätherleib in sich gegliedert wie der physische, nur komplizierter, und es ist in ihm alles in lebendigem Durcheinanderfließen, wo im physischen Leibe abgesonderte Teile vorhanden sind.«**[4]

Der Ätherleib ist gewissermaßen der ›Aufbauer‹ oder der ›Architekt‹ des physischen Leibes, der sich aus dem ätherischen herauskristallisiert. Der physische Mensch ist nach Maßgabe seines Ätherleibes gebildet. Auch der menschliche Ätherleib ist wie der physische Leib bis zu einem gewissen Grad den Gesetzen der Vererbung unterworfen. Nur solange dieser Ätherleib mit dem physischen Leib verbunden ist, kann in diesem *Leben* sein. Dieser übersinnliche Leib des Menschen ist der Träger der Wachstums- und Fortpflanzungskräfte, aber auch des Gedächtnisses, der Temperamente, der Gewohnheiten und des Gewissens.

Es ist ja nicht verwunderlich, dass unsere Wissenschaftler so verhältnismäßig wenig über das Gedächtnis wissen, da sie seinen Sitz im *physischen* Gehirn suchen. Das physische Gehirn ist in der *Erdenwelt* nur vonnöten, damit etwas Erinnertes, also aus dem ätherischen Gehirn Heraufgeholtes, zum Bewusstseinsinhalt werden kann. Das physische Gehirn ist nicht mehr, aber auch nicht weniger als ein Werkzeug bzw. ein ›Spiegelungsapparat‹. Zu Lebzeiten des Menschen wird das Äthergehirn mit seinen Gedächtniskräften sehr stark vom physischen Gehirn eingeschränkt. Um etwas Erinnertes freigeben zu können, ist es auf die vermittelnden Dienste des physischen Organismus angewiesen.

Der Ätherleib bleibt während einer irdischen Inkarnation immer, auch im Schlafe, mit dem physischen Leib verbunden. Erst im Augenblick des Todes trennt er sich endgültig von diesem ab. Dann ist er frei von dem starren physischen Gehirn, das ihn nun nicht mehr einschränken kann. Dadurch werden sämtliche Erinnerungen an das abgelegte Erdenleben frei. Über einen Zeitraum von etwa drei Tagen kommt es dann für den Verstorbenen zu einem grandiosen Erlebnis: Er sieht wie in einem gewaltigen Panorama alle Bilder seines verflossenen Lebens.

Wenige Tage nach dem Tod wird der weitaus größte Teil des ätherischen Leibes in den Kosmos einverwoben. Nur einen kleinen Teil nimmt der Mensch als unvergängliche Essenz auf seinen weiteren nachtodlichen Weg mit.

Wenn der Mensch dann wieder durch die Geburt ins physische Dasein schreitet, so beinhaltet sein *neuer* Ätherleib, den er sich aus dem ganzen Kosmos zusammenzieht, die Resultate seines früheren Erdenlebens. Da dieser ätherische Leib der Aufbauer der neuen physischen Organisation ist, prägt sich das auch alles in den physischen Leib hinein.

1.2.3 Der Astralleib

Man könnte weiter fragen, warum Menschen und Tiere im Gegensatz zu Pflanzen *Gefühle* haben. Da auch die Pflanzen einen physischen und einen ätherischen Leib haben, können die Gefühle offensichtlich nicht in einem dieser beiden Leiber stecken.

Menschen und Tiere haben in der Tat noch ein weiteres immaterielles Wesensglied, den sogenannten ASTRALLEIB. Innerhalb dieses Leibes erscheint das *Eigenleben* des Menschen. Es drückt sich dadurch aus, dass dieser Lust oder Unlust, Freude oder Schmerz usw. erlebt. Der Astralleib ist der Träger von Begierden, Trieben, Wünschen, Leidenschaften und dergleichen sowie auch von Freuden und Schmerzen. Durch ihn werden Sympathien und Antipathien erregt. Die Fähigkeit, solche Empfindungen zu erleben, teilt der Mensch nur mit den Tieren, die ebenfalls einen solchen übersinnlichen Leib besitzen. Auch hier ist es natürlich wieder so, dass der Mensch, solange er auf der Erde verkörpert ist, des Nervensystems bedarf, damit sich etwa die Schmerzen kundtun können.

Der Astralleib verfügt über ein eigenständiges, sehr weisheitsvolles Bewusstsein, das bei Tieren und Menschen die Grundlage des Bewusstseins überhaupt bildet. Dieses Bewusstsein, das man auch ASTRALISCHES BEWUSSTSEIN nennt und das man nicht mit dem »Selbstbewusstsein« verwechseln darf, ist ungleich weiser als unser Tages- oder Oberbewusstsein. Wenn wir wach sind, ist uns dieses astralische Bewusstsein nur in einem sehr geringen Grad zugänglich. Es webt aber als Unterbewusstsein beständig im Hintergrund. Nur wenn wir träumen, tritt es deutlicher hervor, weil es während dieser Phasen nicht von dem viel helleren Tagesbewusstsein überstrahlt wird.

Dem hellsichtigen Menschen zeigt sich der Astralleib als eine Art ›Lichtwolke‹, die sogenannte AURA, die den physischen und ätherischen Leib umhüllt und ein wenig überragt. Die Aura glänzt in den unterschiedlichsten Farben, je nach den jeweiligen Begierden, Trieben usw. Der Astralleib löst sich im Schlafe aus seiner Organisation mit den beiden übrigen Leibern. Dann gehört es unter anderem zu seinen Aufgaben, den physischen Leib zu erfrischen und Abnutzungserscheinungen auszugleichen.

Der Mensch verliert nach dem Tod seinen Astralleib zunächst nicht. In der Seelenwelt muss er sich seiner niedrigen Begierden und Triebe entwöhnen, er muss sich läutern, um später die Anwartschaft für die geistige Welt gewinnen zu können.

Der Verstorbene legt im Durchschnitt erst einige Jahrzehnte, nachdem er durch die Pforte des Todes gegangen ist, den größten Teil seines astralischen Leibes ab. Nur einen eher kleinen Extrakt nimmt er als Frucht seines Lebens mit auf seinen weiteren Weg durch die höheren Welten.

1.2.4 Das Ich

Menschen und Tiere besitzen also nicht nur einen physischen Leib, sondern auch einen ätherischen und einen astralischen Leib, wenngleich diese sich in vielerlei Hinsicht voneinander unterscheiden, wie man an den physischen Leibern mehr als deutlich sehen kann.
Hätte der Mensch nur diese drei Wesensglieder, so würde er sich nicht wesentlich von einem Tier unterscheiden. Dann hätten die Materialisten, die in dem Menschen nichts weiter als einen hochentwickelten Affen sehen, nicht ganz unrecht. Außerdem wäre es dann immer noch unsinnig, wenn man sagen würde, dass der Mensch unsterblich sei und ewig existiere. Schließlich löst sich der physische Leib nach dem Tode völlig in der Erdenwelt auf, und von den beiden anderen Leibern nimmt der Mensch letztlich nur einen gewissen Teil als unvergängliche Essenz mit auf seinen weiteren Weg.

Es muss also noch irgendeine ›Instanz‹ im Menschen existieren, die ihn von den Tieren ganz wesentlich unterscheidet und deutlich abhebt. In der Tat besitzt der Mensch noch ein viertes Wesensglied, das ihn weit über das Tierreich erhebt: das ICH. Etwas genauer müsste man vom ICH-LEIB bzw. ICH-TRÄGER sprechen. »Der Ich-Leib zeigt sich dem Hellseher als eine blaue Hohlkugel zwischen den Augen, hinter der Stirn. Wenn der Mensch anfängt, daran zu arbeiten, so gehen Strahlen von diesem Punkte aus.«[5]

Das Ich ermöglicht es dem Menschen, sich als eigenständiges und seiner selbst bewusstes Wesen erkennen und von seiner Umgebung abgrenzen zu können. Jeder Mensch kann sich selbst als ein »Ich bin« wahrnehmen. Das Ich, das man auch als SELBST bezeichnen könnte, erlaubt ihm, sich über seine bloßen Gefühle und Triebe hinaus selbst zu bestimmen. Dadurch kann er dazu kommen, ordnende Begriffe und Gedanken zu bilden. Das Ich macht es dem Menschen möglich, aus eigenem Antrieb heraus tätig zu werden und sittlichen Idealen nachzustreben, anstatt nur blind seinen Trieben zu folgen.

Nicht einmal ein krasser Materialist kann leugnen, dass es im Menschen eine ›Instanz‹ gibt, die über diejenigen Fähigkeiten verfügt, die wir dem Ich zuschreiben. Allerdings wird er heftig bestreiten, dass es sich dabei um ein eigenständiges, immaterielles Wesensglied handele. Vielmehr wird er diese Fähigkeiten auf irgendwelche Gehirnfunktionen zurückführen. Wenn ein solcher ehrlich und konsequent wäre, dürfte er dann aber auch nicht sagen: »*Ich denke.*« Stattdessen müsste er eigentlich sagen: »*Mein Gehirn denkt.*«[6]

Dieses vierte Wesensglied ist genau wie der Astralleib ein Bewusstseinsträger. Dieses an das Ich gekoppelte Bewusstsein, das ICH- oder SELBSTBEWUSSTSEIN, leuchtet im Erdendasein eines Menschen im dritten oder vierten Lebensjahr erstmals auf. Ab diesem Zeitpunkt kann sich ein Kind seelisch als ein »Ich« bezeichnen. Es wird fähig, dieses Wort richtig zu verwenden. Es wird dann nicht mehr sagen »Maxi möchte ein Bonbon«, sondern »*Ich* möchte ein Bonbon«. Die übliche Erinnerung, die ein Mensch in seinem Erdenleben hat, reicht höchstens bis zu diesem Ereignis zurück. Es gibt einige wenige Menschen, die sich auch in späteren Jahren noch an dieses erhabene Ereignis, das erstmalige Aufleuchten des Ich-Bewusstseins, zu erinnern vermögen. **»Für große Geister ist der Augenblick, in dem sie zum ersten Mal im Leben das ›Ich‹ in sich erfahren, sich zum ersten Mal dessen bewußt werden, etwas Bedeutungsvolles. Jean Paul erzählt dieses Geschehnis von sich. Er stand als kleiner Knabe einmal an einer Scheune im Hofe; da erlebte er zum ersten Mal sein Ich. Und so klar und feierlich war ihm dieser Augenblick, daß er davon sagt: ›Wie in das verhangene Allerheiligste habe ich da in mein Innerstes hineingeblickt.‹«**[7]

Geboren wird der eigentliche Ich-Träger allerdings erst, wenn der Mensch etwa einundzwanzig Jahre alt ist. Erst da wird dieser so recht lebensfähig.

Dieses Ich ist der GEISTIG-SEELISCHE WESENSKERN des Menschen, der als GÖTTLICHER FUNKE in ihm lebt. **»Wir müssen uns klar sein, daß wir zunächst in uns haben den geistig-seelischen Wesenskern, den wir zusammenfassen in seinem Mittelpunkt, wenn** wir ›Ich‹ oder ›Ich bin‹ sagen. Dieser geistig-seelische Wesenskern ist eingebettet in den Astral-, Äther- und physischen Leib. So wie der Mensch jetzt in der Welt lebt, leben wir eigentlich, wenn wir innerlich leben, in unserem Ich; denn alle Seelentätigkeiten sind bei dem wachen Menschen mit dem Ich in irgendeiner Weise verknüpft, erscheinen gleichsam alle auf dem Hintergrunde des Ich.«[8] Wenn man sagt, das Ich sei der »göttliche Funke«, so ist das natürlich nicht so zu verstehen, als wären das Ich und Gott *ein und dasselbe*. Gemeint ist vielmehr, dass das menschliche Ich mit dem Göttlichen von der gleichen Art und Wesenheit ist.

Die eigentliche Geburt des Ichs erfolgte auf Erden erst durch das Mysterium von Golgatha, durch den Kreuzestod und die Auferstehung Christi. Somit ist das Ich das jüngste Wesensglied des Menschen. Erst seit dieser Zeit kann in *jedem* Menschen sein individuelles Ich aufleuchten. Erst dadurch kann der Mensch *Mensch* werden und zur wirklichen Freiheit gelangen. Dass es mit diesem Ich etwas ganz Besonderes auf sich hat, kann man sich schon anhand einfacher Betrachtungen klarmachen: Mit diesem Wort kann jeder Mensch nur sich *selbst* benennen bzw. ansprechen. Kein Mensch kann einen anderen mit diesem Namen anreden. Das Wort »ICH« der deutschen Sprache stellt in monumentalen Lettern die Initialen des Gottessohnes dar: *I*esus *CH*ristus. Immer wenn wir »ich« sagen, sprechen wir die Anfangsbuchstaben des großen »ICH-BIN« aus.

Das Ich ist unsterblich. Es geht von Inkarnation zu Inkarnation. Es ist das einzige *ureigene* Wesensglied des Menschen, das ihm nach dem Tod bleibt.

****

Das Ich ist das höchste Wesensglied, das ein heutiger Mensch besitzt. Wie wir schon gesehen haben, erhebt dieses Ich den Menschen weit über die Tierheit – selbst über die Tiere, die man zu den höheren zählt. Nun kann man sich einmal fragen, ob dieses Ich, das ja das Geistig-Seelische im Menschen repräsentiert, nicht auch am Leiblichen des Menschen tätig ist bzw. sich am Leiblichen offenbart. Dabei kann es sich nur um solche Offenbarungen handeln, die man bei einem Tier nicht beobachten kann.

Die menschliche Physiognomie ist in sich viel beweglicher als die des Tieres. Sie darf nicht so in der Form erstarrt sein, wie das beim Tier der Fall ist. **»Wir können das ja schon an der beweglichen Physiognomie des Menschen sehen. Sehen Sie sich die im Grunde genommen unbewegliche Physiognomie des Tieres an, wie sie Ihnen entgegentritt in ihrer Starrheit. Und sehen Sie sich dagegen die bewegliche Menschenform an mit ihren Änderungen in den Gesten, in der Physiognomie und so weiter. Sie werden sich daraus sagen können, daß der Mensch innerhalb der Grenzen, die ihm allerdings angewiesen sind, eine gewisse Beweglichkeit hat, daß es ihm überlassen worden ist in einer gewissen Weise, selber die Form sich aufzuprägen dadurch, daß sein Ich in ihm wohnt.«**[9]

Man muss nur das Antlitz eines Menschen betrachten, wenn man die Ich-Wirksamkeit studieren will. Das menschliche Antlitz ist geradezu eine ›Offenbarungsfläche‹ des Ichs, des geistig-seelischen Wesenskerns. Im Gegensatz zu Tieren kann der Mensch erröten, wenn er etwa zornig ist, wenn er sich schämt oder wenn er sich bei einer Lüge oder einer Dummheit, die er gemacht hat, ertappt fühlt. Genauso gut kann er erbleichen, wenn er beispielsweise sehr erschrocken ist oder wenn er gerade eine erschütternde Nachricht bekommen hat. Es gibt etliche weitere physiognomische Veränderungen, die man in Abhängigkeit von dem, was das Ich erlebt und empfindet, wahrnehmen kann: etwa die gerümpfte Nase, die hochgezogenen Augenbrauen, die in Falten gelegte Stirn, das Aufreißen der Augen und viele mehr.

Dann kennen wir noch etwas Weiteres, was nur einem Wesen, das sein Ich *innerlich* in seiner Organisation hat, möglich ist: Lachen und Weinen. Tiere können weder lachen noch weinen. Es gibt allenfalls einige wenige Tierarten, die grinsen oder heulen können. Lachen und Weinen stellen einen feinen, intimen Ausdruck der Ichheit in der Leiblichkeit dar.

Alle geschilderten Eigenschaften spiegeln sich in leiblichen Vorgängen wider, weil eben das, was geistiger Natur ist, beim Menschen seinen Ausdruck in der Leiblichkeit findet. Die Leiblichkeit ist eben nur die Physiognomie der Geistigkeit, gewissermaßen der bis zur äußeren Sichtbarkeit ›verdichtete‹ Geist.

1.3   Körper, Seele und Geist

Wir müssen jetzt noch erörtern, wie man diese Viergliedrigkeit des Menschen mit der schon seit früheren Zeiten üblichen *Drei*gliederung, nach der der Mensch aus *Körper*, *Seele* und *Geist* besteht, in Einklang bringen kann. Die Begriffe »Seele« und »Geist« sind ja ganz fundamentale, die man in ihrer Bedeutung verstehen sollte. Alles, was die großen christlichen Kirchen, aber auch Psychologen und Psychoanalytiker zum Verständnis der Seele beitragen können, ist mehr als dürftig und zum Teil stark materialistisch gefärbt. Mit dem Begriff »Geist« können sie im Grunde gar nichts rechtes mehr verbinden.

Wie sind nun diese Begriffe im anthroposophischen Sinne zu verstehen?

Der Begriff KÖRPER dürfte hier die wenigsten Schwierigkeiten bereiten. Damit ist dasjenige gemeint, wodurch sich dem Menschen die äußeren Phänomene der Sinneswelt offenbaren. Er besteht aus dem physischen und dem ätherischen Leib, die ja, solange der Mensch im Erdenleben weilt, immer fest miteinander verbunden sind.

Mit dem Wort SEELE soll auf all dasjenige hingedeutet werden, wodurch der Mensch die Dinge, die der Leib wahrgenommen hat, mit seinem eigenen Dasein verknüpft, wodurch er also etwa Lust oder Unlust, Freude oder Leid erfährt. Die Seele ist im Menschen tätig und durchdringt alle Verrichtungen des Körpers. Die wesentlichen Kräfte der Seele sind Sympathie und Antipathie.

Die Seele ist eigentlich etwas höchst Kompliziertes. Sie besteht aus drei Gliedern, die ein hellsichtiger Mensch als Teile oder Modifikationen des Astralleibes wahrnehmen kann. Das älteste Seelenglied, das auch die Tiere haben, wird EMPFINDUNGSSEELE genannt. Das zweite ist die VERSTANDES- oder GEMÜTSSEELE. Das jüngste Seelenglied, das der Mensch gegenwärtig dadurch weiter auszubilden hat, dass sein Ich *unbewusst* am physischen Leib arbeitet und diese Tätigkeit in den Astralleib zurückgespiegelt wird, bezeichnet man in der Anthroposophie als BEWUSSTSEINSSEELE.

Für die Zwecke dieses Buches ist es völlig hinreichend, wenn man sagt, dass das Ich und der Astralleib die menschliche Seele darstellen. Der Mensch kann sich in seinem Denken, Fühlen und Wollen seelisch betätigen. Alle diese Seelentätigkeiten sind beim wachenden Menschen unmittelbar mit seinem Ich verknüpft. Die Seele ist das Bindeglied von Körper und Geist, zwischen denen sie vermittelnd tätig ist.

Der GEIST ist unser Führer im Reich der Seele. Das Ich ist eigentlich bereits ein geistiges Wesensglied, das sich beim Durchschnittsmenschen seiner geistigen Wesenheit allerdings noch nicht bewusst ist.

Der Geist besteht jedoch im strengen Sinne aus den drei höheren Wesensgliedern, die der heutige Mensch erst in seinen keimhaften Anlagen besitzt, die er also noch durch die *bewusste* Arbeit seines Ichs ausbilden und die er erst in ferner Zukunft erwerben kann.

1.4 Die zukünftigen Wesensglieder des Menschen

Der heutige Mensch steht also mit seinen vier Wesensgliedern, dem physischen Leib, dem Ätherleib, dem Astralleib und dem Ich, auf dem irdischen Plan. In urferner Vergangenheit wurde von den

Schöpfermächten nur der physische Leib veranlagt, der damals natürlich noch eine *völlig* andere Gestalt und Stofflichkeit hatte als der, welchen die ersten Erdenmenschen, von denen die Genesis schildert, hatten. Der Ätherleib wurde erst sehr viel später zugefügt. Noch viel später kam der Astralleib hinzu – allerdings natürlich auch noch vor der Erschaffung der Erdenmenschen. In Kapitel 4 werden wir präzisieren, in welchen Zeiten das erfolgt ist.

Die Entwicklung dieser Leiber verdankt der Mensch ganz wesentlich den Göttern. Das Ich sowie das daran gekoppelte Bewusstsein hat der Mensch erst seit verhältnismäßig kurzer Zeit in der heutigen Ausprägung.

Der Mensch wird in die Zukunft hinein noch drei weitere Wesensglieder ausbilden, die hier nur kurz gestreift werden sollen. Das nächste Wesensglied, das der Mensch zu entwickeln hat, wird von Rudolf Steiner GEISTSELBST genannt. Man könnte es auch als HÖHERES SELBST bezeichnen. In der indisch-theosophischen Tradition wird dieses Wesensglied MANAS genannt. Das Geistselbst kann sich der individuelle Mensch dadurch erwerben, dass er mit seinem Ich seinen Astralleib umgestaltet, umorganisiert. In dem Maße, wie er Herr über seine Triebe, Begierden, Leidenschaften usw. geworden ist, erscheint dieses Wesensglied im Astralleib. Der Astralleib eines Menschen besteht – unabhängig von den drei Seelengliedern – also auch heute schon aus zwei Bereichen: Dem bereits umgewandelten, veredelten und dem noch nicht umgewandelten. Das Geistselbst in seiner Offenbarung kann beim Menschen als *umgewandelter Astralleib* bezeichnet werden.

Noch sehr viel später werden der LEBENSGEIST (indisch-theosophisch BUDDHI) und der GEISTESMENSCH (indisch-theosophisch ATMA) ausgebildet. Analog kann man die Offenbarung des Lebensgeistes als *umgewandelten Ätherleib* und die des Geistesmenschen als *umgewandelten physischen Leib* bezeichnen. Der Mensch muss also mit seinen Ich-Kräften ganz *bewusst* an diesen Umwandlungen arbeiten, damit er eines sehr fernen Tages diese drei Wesensglieder besitzen kann. Der heutige Durchschnittsmensch hat an seinem Astralleib schon relativ viel gearbeitet. Das Arbeiten am Ätherleib oder gar am physischen Leib ist ungleich schwieriger. Hier hat der Durchschnittsmensch noch nicht viel bewirken können. Dass es nicht so leicht ist, den Ätherleib zu veredeln, kann man sich leicht klarmachen. Man muss nur bedenken, wie schwer es uns meistens fällt, uns von schlechten Gewohnheiten, die ja im Ätherleib stecken, zu lösen.

Sie kennen vielleicht den viel zitierten Ausspruch des berühmten Künstlers *Joseph Beuys: »Jeder Mensch ist ein Künstler!«* Die meisten Menschen kommen heute nicht darüber hinaus, solche Aussagen in einer völlig trivialen Weise aufzufassen. Sie glauben, Beuys habe damit sagen wollen, dass jeder Mensch – und sei es der unbegabteste – sich sehr wohl künstlerisch betätigen könne – und wenn er nur ein paar Farbkleckse auf ein Blatt Papier schmiert. Natürlich meinte Joseph Beuys, der im Übrigen überzeugter Anhänger und Verfechter der Anthroposophie war, das in einem viel höheren Sinne. Er wollte damit genau das zum Ausdruck bringen, was hier soeben geschildert wurde: Jeder Mensch hat die Fähigkeit, ja die Aufgabe, an der Entwicklung, an der geradezu ›künstlerischen‹ Schaffung seiner drei höheren Wesensglieder zu arbeiten.

Wenn es dem Menschen eines ur-urfernen Tages gelungen sein sollte, sein höchstes Wesensglied, den Geistesmenschen, auszubilden, so wird er vollständig vergeistigt, vollständig Geist sein.

Diese drei höheren Wesensglieder, die in jedem Menschen bereits keimartig veranlagt sind, stehen schon heute in einer gewissen Beziehung zum Menschen. Sie liegen sozusagen **»beschlossen im Schoße der göttlich-geistigen Wesenheiten«**.[10] Wir haben mit diesen höheren Wesensgliedern bereits *wirkliche* Begegnungen. Wenn wir nicht von Zeit zu Zeit unserem Geistselbst begegnen würden, so würden wir uns immer mehr von allem Geistigen entfernen und entfremden.

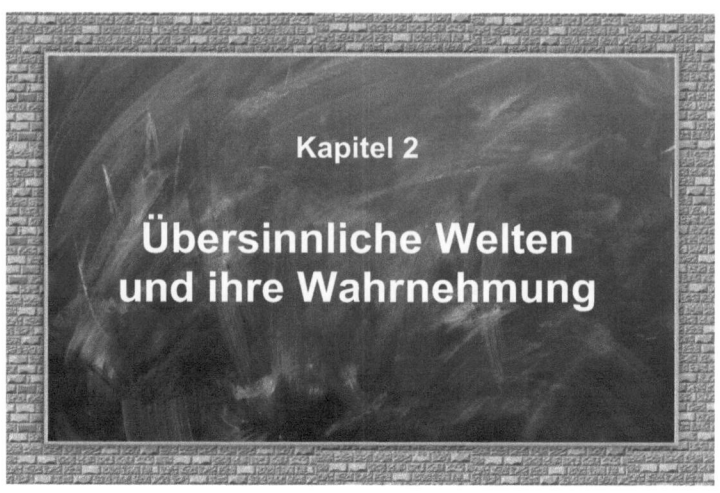

Kapitel 2

Übersinnliche Welten und ihre Wahrnehmung

Es schlummern in jedem Menschen Fähigkeiten,
durch die er sich Erkenntnisse
über höhere Welten erwerben kann.
Der Mystiker, der Gnostiker, der Theosoph sprachen
stets von einer Seelen- und einer Geisterwelt,
die für sie ebenso vorhanden sind wie diejenige,
die man mit physischen Augen sehen,
mit physischen Händen betasten kann.
Der Zuhörer darf sich in jedem Augenblicke sagen:
wovon dieser spricht, kann ich auch erfahren,
wenn ich gewisse Kräfte in mir entwickele,
die heute noch in mir schlummern.

Rudolf Steiner[1]

Dass die heute vorherrschende Ideologie des Materialismus es geradezu verbietet, übersinnliche Welten und Wesen für möglich zu halten, muss wohl nicht erwähnt werden.

Die einzige Welt, die von einem Materialisten – und auch von den heutigen Wissenschaften – anerkannt wird, ist diejenige, die sich jedem offenbart, der über gesunde Sinnesorgane verfügt, also unsere Erdenwelt. Man könnte sie auch PHYSISCHE WELT,

MATERIELLE WELT, PHYSISCHER PLAN oder SINNESWELT nennen. Obwohl diese sichtbare Welt schon fast bis in den letzten Winkel erkundet ist, bietet sie den Forschern noch genügend Spielraum für neue Entdeckungen. Die Existenz anderer Welten oder Sphären, die sich nicht den üblichen Sinnen offenbaren, verweisen Materialisten ins Reich der Phantasie. Damit gleichen sie einem Blindgeborenen, der Licht oder Farben für nicht existent hält. Die Möglichkeit, dass es Menschen gibt, die über höhere, geistige Organe verfügen, mit denen sie über den Tellerrand der physischen Welt hinausschauen können, halten materialistisch gesinnte Gemüter für Wahnvorstellungen.

2.1 Übersinnliche Welten

Selbstverständlich gibt es genügend religiös oder spirituell gestimmte Menschen, die zumindest noch an *eine* unsichtbare Welt glauben, die üblicherweise als »Himmel« bezeichnet wird.

Allerdings tun sich viele mit der Vorstellung schwer, *wo* sich eine solche nicht sichtbare Welt befinden könnte, was gewiss daran liegt, dass sie es einfach nicht vermögen, etwas Geistiges gedanklich zu erfassen. Oft hört man: »Ja, ich glaube schon an einen Himmel. Andererseits – wo soll dieser sein? Das Weltall ist doch schon recht gut erforscht. Aber die Wissenschaftler, die das Universum schon weitgehend durchmessen haben, haben ihn noch nie entdeckt. Wo sollte da überhaupt noch Platz für einen Himmel sein?«

Solche Fragen oder Ansichten zeigen deutlich, dass man sich vielfach auch den Himmel letztlich als eine materielle Sphäre vorstellt.

Wie man insbesondere aus der Anthroposophie wissen kann, muss man neben der physischen Welt im Wesentlichen noch drei weitere Welten unterscheiden: ÄTHERWELT, ASTRAL- oder SEELENWELT und GEISTIGE WELT. Allen gemein ist, dass sie mit physischen Sinnen oder Messinstrumenten nicht wahrnehmbar sind.

Mit einem Oberbegriff könnte man diese Welten als ÜBERSINNLICHE WELTEN, HÖHERE WELTEN oder auch als IMMATERIELLE WELTEN bezeichnen. Mit der Bezeichnung »übersinnliche Welten« soll zum Ausdruck gebracht werden, dass diese *über* oder außerhalb dessen liegen, was wir mit unseren üblichen Sinnen wahrnehmen können. Mit dem Ausdruck »höhere Welten« will man deutlich machen, dass diese Welten viel wichtiger und erhabener als die physische Welt sind, dass sie von *höherer* Qualität sind. Der Begriff »immaterielle Welten« stellt den Gegensatz zu unserer materiellen Welt dar.

Bisweilen werden die übersinnlichen Welten auch zusammengefasst und mit dem Namen »geistige Welten« belegt. Das ist aber nicht ganz korrekt, da im eigentlichen Sinne mit »geistiger Welt« eine bestimmte der drei übersinnlichen Welten gemeint ist.

Unsere irdische Welt könnte man übrigens auch RAUMESWELT nennen, weil der Begriff des uns so vertrauten dreidimensionalen Raumes, in dem wir uns so gut zurechtzufinden und sicher zu bewegen gelernt haben, in den höheren Welten keine Rolle spielt. Diese Welten sind nicht-räumlich.

Um noch einmal auf die Frage, wo denn ein Himmel noch im Weltall Platz finden könnte, zurückzukommen: Die übersinnlichen Welten sind im Grunde *überall*. Die verschiedenen Welten durchdringen, durchziehen und durchströmen sich, etwa so wie sich in der Sinneswelt verschiedene Luftströme oder Flüssigkeiten durchdringen können. Man könnte sogar sagen, dass wir uns permanent in allen diesen Welten befinden, wenngleich unser normales Bewusstsein das stets verschleiert. Ein bewusstes Erleben in diesen höheren Welten kann nur ein mit Hellsichtigkeit begabter oder ein verstorbener Mensch haben. Die Sinneswelt ist nur eine *Offenbarung*, deren Ursprung in höheren Welten liegt.

Versuchen wir nun, diese übersinnlichen Welten *ein wenig* zu beschreiben und zu charakterisieren, soweit das für das zentrale Thema dieses Buches erforderlich ist.

2.1.1 Die Ätherwelt

Die erste übersinnliche Welt, die uns in gewissem Sinne am nächsten ist, wird ÄTHERWELT genannt. Durch unseren Ätherleib gehören wir dieser Welt an.

Angrenzend an unsere Erde, auf der wir wohnen, befindet sich der allgemeine Weltenäther, der sich uns *äußerlich* durch die himmelsblaue Farbe des Firmaments, aber auch durch Wolkenbildungen offenbart. Die Ätherwelt umgibt die Erde wie eine übersinnliche Atmosphäre. In ätherischen Abbildern erscheinen hier die Taten höherer geistiger Wesenheiten, die als Weltgedanken im Weltenäther weben.

In den ersten etwa drei Tagen nach dem Tod verweilt der Mensch in dieser Welt. Das ist so zu verstehen, dass ihm das Bewusstsein für die ätherische Welt aufgeht. Sein Ätherleib, der jetzt nicht mehr an den starren physischen Leib gebunden ist, ist nun frei. Dadurch kommt es dazu, dass der Verstorbene in einem großen Panorama alle Erlebnisse und Begebenheiten seines letzten Erdenlebens sieht. Nach etwa drei Tagen, wenn diese unzähligen Bilder abgeflutet sind, wird der größte Teil seines Ätherleibes in den Weltenäther einverwoben. Alle Gedanken, die er sich während des Erdenlebens gebildet hat, werden in die Ätherwelt eingesponnen.

2.1.2 Die Astralwelt oder Seelenwelt

Der ASTRALWELT oder SEELENWELT gehören wir dadurch an, dass wir einen Astralleib tragen.

Hier sind Gefühle wie Freude und Leid, Liebe und Hass, Begierden, Triebe usw. genau so real vorhanden wie in der physischen Welt materielle Gegenstände. Es gibt in der Seelenwelt nichts, was nicht selbst seelischer Natur wäre. Ein Wesen kann in dieser Welt absolut nichts tun, was in seiner Umgebung nicht sofort und ganz unmittelbar Freude, Lust, Schmerzen, Leid usw. auslösen würde. Es könnte – bildlich gesprochen – nicht einmal einen Finger krümmen, ohne dass andere Seelenwesen dadurch Sympathien oder Antipathien, Freude oder Schmerz empfinden würden.

Die beiden Pole, zwischen denen sich die Seelenkräfte entfalten, sind Sympathie und Antipathie. Im Erdendasein erleben wir in unseren Gefühlen und Wahrnehmungen diese Kräfte nicht so, wie sie wirklich sind, sondern nur als ein blasses Spiegelbild. Überhaupt kehrt sich in der Astralwelt alles in sein Spiegelbild um. Auch die Zeit verläuft hier rückwärts. Das ist auch der Grund dafür, dass ein Verstorbener, der hier noch einmal sein komplettes Erdenleben ›durchläuft‹, dieses in zeitlich rückwärtiger Reihenfolge, also vom Augenblick seines Todes bis zu seiner Geburt erlebt.

In der Astralwelt, in der man sieben verschiedene Regionen oder Sphären unterscheiden kann, sind wir jede Nacht während des Schlafes. Allerdings überschreiten die Erlebnisse, die wir dort haben, nicht unsere Bewusstseinsschwelle.

Nach dem Tod wird der Mensch im Durchschnitt viele Jahrzehnte in dieser Welt verweilen, in der er dann bewusst Wahrnehmungen haben kann. Hier gehört es zu seinen Aufgaben, sein abgelegtes Leben aufzuarbeiten. Auch sein Karma (☛ Kapitel 3) für sein nächstes Erdenleben wird in dieser Welt schon keimartig veranlagt. Nach einer Zeit, die etwa einem Drittel der Dauer entspricht, die er auf der Erde weilte, wird er dann auch den größten Teil seines Astralleibes ablegen. Nur sein Ich bleibt ihm auf seinem weiteren Weg als ureigenes Wesensglied erhalten.

2.1.3 Die Geisteswelt

Die GEISTESWELT oder GEISTIGE WELT ist die höchste dieser drei Welten. In den meisten Religionen wird sie »Himmel« genannt. In fernöstlichen Traditionen ist die Bezeichnung DEVACHAN üblich, was wörtlich übersetzt »Gottesgebiet« heißt. Rudolf Steiner verwandte diesen noch nicht so assoziations-beladenen Begriff recht häufig.

Auch hier kann man wieder sieben Regionen oder Sphären unterscheiden. Viele Menschen sind der Ansicht, es gäbe nur *einen* Himmel bzw. nur *eine* geistige oder übersinnliche Welt. Dass das nicht den Tatsachen entspricht, geht aber schon aus der Bibel hervor, da hier in *sachgemäßen* Übersetzungen sehr häufig die Pluralform »Himmeln« vorkommt.[2] Der Apostel *Paulus* wusste ebenfalls, dass es mehrere Himmel gibt. So schreibt er etwa: *»Ich weiß einen Menschen in Christus, vor vierzehn Jahren [...], dieser wurde in den dritten Himmel entrückt.«*[3]

Der Koran erwähnt in mehreren Suren explizit einen *siebten* Himmel.

Wir kennen doch auch den Ausspruch »im siebten Himmel sein« als Bezeichnung für ein Gefühl der allerhöchsten Glückseligkeit. Diesen kann man durchaus als Indiz dafür werten, dass die Menschen früherer Tage wussten oder zumindest ahnten, dass es sieben Himmel bzw. sieben Regionen in der geistigen Welt gibt.

Schon in der Astralwelt sind alle Verhältnisse radikal verschieden von dem, was wir aus der Sinneswelt kennen und gewohnt sind. Das gilt in noch höherem Maße für die Geisteswelt. Für alles, was hier webt und west, für alles, was hier geschieht, gibt es kaum passende Worte einer Menschensprache.

In der geistigen Welt befinden sich die Urbilder bzw. die schöpferischen Quellen für alles Geschaffene, also für alles Seelische, Lebendige, aber auch für alles Materielle.

Ein Mensch wird nach seinem Tod recht lange – in den wohl meisten Fällen sogar einige Jahrhunderte – die Sphären der geistigen Welt durchlaufen. Dann gehört es insbesondere zu seinen Aufgaben, im Verein mit hohen geistigen Wesen seine nächste Inkarnation zu planen und vorzubereiten. Es hängt von seiner geistig-seelischen Entwicklung ab, bis zu welcher Sphäre er noch ein bewusstes Erleben haben wird.

2.2 Wahrnehmung der übersinnlichen Welten

Es wäre für uns ein Leichtes, geistige Erkenntnisse zu erlangen, wenn wir in der Lage wären, übersinnliche Welten, Wesen und Phänomene *selbst* wahrnehmen und beobachten zu können.

Über diese Gabe verfügen aber nur verschwindend wenige Menschen. Also kann es für uns, die wir nicht *hellsichtig* sind, nur darum gehen, an die richtigen Quellen zu gelangen, die uns diese Wahrheiten zuströmen lassen können. Dabei kann es sich nur um solche Quellen handeln, in denen Menschen schildern, die über die Gabe verfügen bzw. in der Lage sind, geistige Welten und Geschehnisse in irgendeiner Form wahrnehmen zu können.

2.2.1 Hellseher

In früheren Kulturepochen war die HELLSICHTIGKEIT noch eine ganz natürliche menschliche Fähigkeit. Die Menschen lebten gewissermaßen noch mit den ›Göttern‹ zusammen. Die Götter, von denen sie straff geführt wurden, und die geistige Welt waren für sie genau so real wie ihre Mitmenschen und die irdische Welt. Das war in der damaligen Zeit absolut notwendig. Diese Fähigkeit, diese ganz natürliche Hellsichtigkeit *musste* nach und nach verloren gehen, damit die Menschen sich mehr der Erde zuwenden und sich durch die Loslösung von den Weisungen der Götter ihre Unabhängigkeit, Selbständigkeit und Verstandeskräfte erwerben konnten und eines Tages zur *wirklichen* Freiheit kommen können. Schon deutlich vor Beginn unserer Zeitrechnung ist die Fähigkeit des alten Hellsehens fast vollständig verschwunden.

Dass die große Mehrheit der Menschen dadurch letztlich sogar das Wissen von der geistigen Welt gänzlich verloren hat und diese sogar als nicht existent betrachten kann, ist heute nicht zu übersehen. Die Menschheit ist mittlerweile also ins andere Extrem verfallen.

Allerdings gab es auch in späterer Zeit, also in den letzten zwei, drei, vier Jahrtausenden einige Persönlichkeiten, die zumindest noch mit Resten dieses atavistischen Hellsehens begabt waren. Denken Sie etwa an die alten Propheten. Auch in den nachchristlichen Jahrhunderten sind immer wieder Menschen aufgetreten, die begnadet waren oder wurden, bis zu einem gewissen Grad in geistigen Welten wahrnehmen zu können. Die meisten sind noch heute einer breiten Öffentlichkeit durchaus bekannt. Viele von ihnen sind sogar von der katholischen Kirche heiliggesprochen worden, sofern ihre Schilderungen dem Weltbild und den Dogmen der Kirche nicht widersprachen.

Nachdem in unserer Zeit die Menschen ihre Selbständigkeit und ihre Unabhängigkeit von den Weisungen der geistigen Welt längst erreicht – vermutlich sogar überschritten – und ihre intellektuellen Fähigkeiten längst auf ein hinreichendes Niveau erhoben haben, ist es von großer Bedeutung, dass sie sich früher oder später wieder einen unmittelbaren, persönlichen Zugang zur geistigen Welt erwerben. Es muss also mehr und mehr Menschen geben, die zu einem *zeitgemäßen* Hellsehen fortschreiten. Es dürfte heute wohl bereits viele Tausend Menschen in der Welt geben, die hellsichtig sind und sich somit mit einem gewissen Recht »Hellseher« nennen.

Die Hellsichtigkeit darf gewiss als eine hohe Gabe betrachtet werden. Bei manchen hellsichtigen Menschen tritt diese Fähigkeit im Laufe des Lebens recht spontan auf. Die wohl meisten Hellseher bringen ihre Gabe, in übersinnlichen Welten wahrnehmen zu können, aber bereits ins Erdenleben mit. Diese vermögen dann schon im Kindesalter, geistige Wesen zu ›sehen‹, die für ihre Eltern, Geschwister, Freunde und Erzieher nicht zu existieren scheinen. Häufig werden ihre Wahrnehmungen und die darauf fußenden Erzählungen nicht ernst genommen.

Man darf aber nicht alle heutigen Hellseher in einen Topf werfen. Genau wie bei anderen Fähigkeiten, über die ein Mensch verfügen kann, verhält es sich auch hier so, dass diese Begabung bei unterschiedlichen Hellsehern unterschiedlich stark ausgeprägt sein kann. Schließlich tritt ja auch nicht jeder Sänger in der Mailänder Skala auf, und nicht jeder Fußballer spielt in der Nationalmannschaft.

Wenn ein Hellseher geistig wahrnimmt, also geistige Welten und Wesen beobachtet, versetzt er sich, während er gewissermaßen ›außerhalb seines Körpers‹ ist, in einen anderen Bewusstseinszustand. So spricht man vom IMAGINATIVEN BEWUSSTSEIN, wenn er geistig *schaut* und vom INSPIRATIVEN BEWUSSTSEIN, wenn er geistig *hört*. Nur sehr wenigen Hellsehern ist es zudem möglich, sich in einen Zustand zu versetzen, in dem sie ganz in den geistigen Wesen ›drinstecken‹, mit ihnen quasi ›eins‹ sind (INTUITIVES BEWUSSTSEIN). Von eminenter Bedeutung ist, dass in der heutigen Zeit ein hellsichtiger Mensch in der Lage sein muss, während seiner geistigen Beobachtungen sein übliches Tages-Bewusstsein voll aufrechtzuerhalten, das ihm stets eine kritische Instanz sein muss.

2.2.2 Eingeweihte

Auf einer noch deutlich höheren Stufe als die Hellseher stehen die sogenannten EINGEWEIHTEN oder INITIIERTEN. Eingeweihte hat es zu allen Zeiten der Menschheitsentwicklung in allen großen Kulturen gegeben. Sie waren nötig, um die Menschen dasjenige über die geistige Welt zu lehren, was für das jeweilige Zeitalter angemessen war. Die zu dieser besonderen Mission für würdig befundenen Menschen mussten üblicherweise einen langen Schulungsweg beschreiten, um schließlich von einem Meister, dem HIEROPHANTEN oder PRIESTER-INITIATOR die EINWEIHUNG, die es in verschiedenen Graden gab, zu empfangen. In früheren Zeiten wurde das in den MYSTERIENSTÄTTEN vollzogen. Diese Stätten wurden streng geheim gehalten. Ein Eingeweihter, der meistens von den übrigen Menschen nicht als solcher erkannt wird, ist – zumindest im Normalfall – nicht nur im hohen Grade hellsichtig, sondern er hat sich durch seinen langjährigen Schulungsweg und nicht zuletzt durch die Einweihung auch ein profundes Wissen über geistige Welten und Wesen angeeignet, so dass er das, was er zu schauen vermag, weitgehend verstehen und in große Zusammenhänge einordnen kann. Bei vielen Hellsehern sind diese Kenntnisse nicht vorhanden, was die große Gefahr birgt, dass sie ihre Schauungen falsch bewerten und einordnen oder im Extremfall gar nicht verstehen.

Eingeweihte, die nahezu jeder kennt, waren die vier Evangelisten – allen voran Johannes, der Schreiber des Johannes-Evangeliums und der Geheimen Offenbarung. Somit kann man die Evangelien durchaus auch als *Einweihungsschriften* bezeichnen. Es ist gerade in unserer heutigen Zeit sehr wichtig, dass eingeweihte Persönlichkeiten über einen scharfen und wissenschaftlich geschulten Verstand verfügen und somit sehr wohl in der Lage sind, das Geistige, das sich ihnen offenbart, wirklich verstehen und beurteilen zu können.

Der Unterschied zwischen einem hellsichtigen und einem nicht hellsichtigen Menschen sowie zwischen einem Hellseher und einem Eingeweihten kann vielleicht anhand eines einfachen Beispiels verdeutlicht werden.

Stellen Sie sich einen Menschen vor, der am Rande eines Meeres steht. Nehmen wir nun einmal hypothetisch an, dass die große Masse der Menschheit, zu der auch er gehört, nicht in der Lage ist, ins Meer einzutauchen. So wie die meisten Menschen nicht in der Lage sind, in die geistige Welt zu schauen, wäre er nicht imstande nachzuschauen, ob bzw. was sich unter dem Meeresspiegel verbirgt. Er sieht also nur die Wasseroberfläche. Er nimmt das Kräuseln und die Wellen, die das Meer wirft, wahr. An dem, was er sieht, kann er seine Beobachtungen anstellen und sich erfreuen. Das kann ihm genügen. Falls er Wissenschaftler ist, wird er allerlei Theorien bezüglich der Ursachen für das Kräuseln und das Spiel der Wellen begründen. Wenn er nicht materialistisch gesinnt ist, wird er vielleicht daran glauben, dass unter der Oberfläche irgendetwas, was er weder wahrnehmen noch begreifen kann, existiert. Ist er aber Materialist, so wird er behaupten, dass unter der Meeresoberfläche nichts sei.

Einen hellsichtigen Menschen kann man nun vergleichen mit einem, der die Fähigkeit besitzt, ins Meer einzutauchen. Dort wird er dann mannigfaltige Dinge wahrnehmen. Je tiefer er zu tauchen in der Lage ist, desto mehr Einzelheiten wird er sehen und beobachten können. Er wird sie aber möglicherweise nicht verstehen und einordnen können. Er weiß vielleicht nicht, ob es sich um Gestein, Pflanzen, Fische oder sonstiges Getier handelt. Wenn ein Hellseher aber auch ein Eingeweihter ist, so wird er das, was er wahrnimmt und studiert, sehr wohl verstehen und in große Zusammenhänge einordnen können. Er lernt verstehen, um welche Lebewesen es sich handelt, wie sich diese fortpflanzen, was sie fressen usw. Wenn dieser nun anderen Menschen seine Forschungsergebnisse mitteilt, so können diese alles fast genauso gut verstehen, wie wenn sie diese Beobachtungen selbst gemacht hätten.

Auch für unser Zeitalter gibt es neue, moderne Einweihungswege, die prinzipiell von jedem Menschen beschritten werden können, wenngleich dazu ein sehr hohes Maß an sittlich-moralischer Reife, emotionaler Ausgeglichenheit, Willenskraft und Geduld vonnöten sind.

Der wohl höchste Eingeweihte, der in der neueren Zeit im Abendland aufgetreten ist, war *Rudolf Steiner*, der Begründer der *Anthroposophie*.

2.3 Die Akasha-Chronik

Wenn man die Schöpfungsgeschichte in der Genesis, dem ersten Buch Mose, liest, so kommt einem doch unweigerlich die Frage: Wie bzw. woher konnte *Moses* eigentlich wissen, was sich in urferner Vergangenheit vor und bei der Entstehung der physischen Welt in der heutigen Form im Geistigen zugetragen hat? Wie konnte er die Vorgänge bis zum Entstehen des Erdenmenschen so genau beschreiben?

Der Schreiber der Genesis hat natürlich nicht über etwas berichtet, was in der *physischen* Welt wahrzunehmen war. Er wurde mit der ›seherischen Gabe‹ begnadet, die es ihm ermöglichte, diese Geschehnisse in gewaltigen IMAGINATIONEN zu schauen. Er ›sah‹ also mit ›geistigen Augen‹ die majestätischen Geschehnisse in Bildern, solchen Bildern, die nicht mit Traumbildern oder Illusionen zu verwechseln sind, sondern in solchen›, die die tatsächlichen Vorgänge in sachgemäßer Weise wiedergaben. Solche Imaginationen sind ungleich lebendiger und wirklichkeits-gesättigter als alles, was physische Augen sehen können. Moses sah in einer kurzen Geistesschau zusammengedrängt – sozusagen im Zeitraffer – Geschehnisse, die sich über unermesslich lange Zeiträume erstreckt haben. Diese Geschehnisse ›sah‹ Moses in der sogenannten AKASHA-CHRONIK, dem großen WELTENGEDÄCHTNIS. Es ist zu Lebzeiten nur hochgradig begnadeten Menschen möglich, in dieser ›Chronik‹ zu ›lesen‹.

Was hat man sich unter dieser ›Chronik‹ vorzustellen? »Akasha« ist ein Sanskritwort, das man mit »leuchtend« oder »strahlend« übersetzen kann. Akasha ist eine der subtilsten Substanzen, die dem geistigen Streben eines hellsichtigen Menschen noch zugänglich ist. In diese Substanz ist alles ›eingeschrieben‹, was sich von Anbeginn der Weltentwicklung abgespielt hat.

Nichts von dem, was jemals im Kosmos geschehen ist, geht verloren. Alle Taten, Gedanken, Worte, Gefühle usw. prägen sich in die AKASHA-SUBSTANZ ein. Hierbei ist nicht nur an die großen Taten und Gedanken der göttlich-geistigen Wesen, sondern auch an alle großen und kleinen Taten und Gedanken eines jeden einzelnen Menschen zu denken. Da man in dieser kosmischen Substanz in gewisser Weise wie in einem Geschichtsbuch lesen kann, spricht man von der »Akasha-*Chronik*«, die man auch als KOSMISCHES GEDÄCHTNIS bezeichnen könnte.

In der Akasha-Chronik ist nicht nur alles verzeichnet, was von Anbeginn der Welt bis heute geschehen ist, sondern auch dasjenige, was zukünftig zu geschehen hat. Natürlich kann hier nicht in Einzelheiten stehen, was etwa ein bestimmter Mensch in der Zukunft erleben wird. Das ist auch bis zu einem gewissen Grad offen, da es ja nicht zuletzt dem freien Willen des Menschen unterliegt. Aber die großen ›kosmischen Verhältnisse‹, die längst im göttlichen Weltenplan (☞ Kapitel 4) vorgezeichnet sind, sind hier einverwoben. Rudolf Steiner machte in einem seiner unzähligen Vorträge anhand eines Beispiels deutlich, wie man sich das ›Einschreiben‹ in diese Chronik vorstellen kann: »**Während ich hier spreche, ist dieser ganze Luftraum ausgefüllt mit Schallwellen. Denken Sie sich, diese Schallwellen könnten durch irgendein Mittel fixiert werden** [was ja heute längst möglich ist]**, dann würden Sie eine Aufzeichnung haben von alledem, was hier gesprochen wird. Ebenso wie das Wort, das ich hier spreche, einen Eindruck macht auf das Medium, auf das Mittel um uns herum, so machen es auch die anderen Äußerungen der Menschennatur, allerdings nicht auf die Luft, sondern auf die Akasha-Materie, in der sich nicht nur die gesprochenen Worte abdrücken, sondern alle Gedanken, Gefühle und Willensimpulse des Menschen.**«[4]

Man könnte die Akasha-Chronik auch anhand eines vielleicht etwas trivialen und platten materiellen Vergleiches verdeutlichen. Stellen Sie sich eine gigantische Festplatte mit einer unbegrenzten Kapazität vor, auf der vertonte Filme über alles, was jemals auf der Erde geschehen ist, gespeichert sind. Nun könnte jeder, der über die entsprechende Technik und das Know-how verfügt, jederzeit einen gewünschten Film abrufen und anschauen.

Zu Lebzeiten ist es nur einem hohen Eingeweihten möglich, in dieser ›Chronik‹ zu ›lesen‹. Diesen Vorgang könnte man etwas plakativ formuliert auch als ›geistige Zeitreise‹ bezeichnen. Nur auf diese Art kann ein solcher beispielsweise wissen, wie sich bestimmte Entwicklungen im Weltenprozess abgespielt haben.

Übrigens, nach dem Tod lebt der Mensch gewissermaßen in dieser Akasha-Substanz, etwa so, wie wir hier auf der Erde innerhalb der uns umgebenden Atmosphäre leben.

Kapitel 3

Reinkarnation und Karma

Fürchte dich nicht,
ermutigt der Engel,
ziehe mir nach,
laß dich durchleuchten,
kehre lichter zur Erde zurück,
stirb und werde wieder geboren,
bis das Vergehen
in Liebe verwandelt ist.

Albert Steffen[1]

Erfreulicherweise ist die Anzahl der Menschen, die davon überzeugt sind, dass jeder Mensch *viele* Erdenleben durchmacht, in den letzten Jahrzehnten deutlich angestiegen.

Dass ein Materialist die Reinkarnationslehre als unsinnig verwirft, muss wohl nicht erwähnt werden. Auch viele gläubige Christen wollen von den wiederholten Erdenleben nichts wissen. Der wesentliche Grund dafür ist, dass die Kirchen diese Lehre als Irrlehre bezeichnen, wie man etwa dem Katechismus der katholischen Kirche entnehmen kann. Die großen christlichen Kirchen vertreten die absurde Ansicht, dass jeder Mensch genau einmal auf dem irdischen Plan erscheine und dass er sich in diesem die Anwartschaft auf ewige himmlische Freuden erwerben könne, sofern er ein gottgefälliges Leben führe, was im Grunde bedeutet, wenn er das mache, was die Kirchen, insbesondere die katholische, ihm vorschreiben.

Es ist nicht zu übersehen, dass die katholische Kirche immer noch bestrebt ist, ihre Gläubigen auf der Kindheitsstufe zu halten. Über Kinder lässt sich bekanntlich leichter Macht ausüben. Sie kennen vielleicht den uralten Aphorismus, der sehr schön zeigt, was das Bestreben der Kirche über viele Jahrhunderte war: Der Bischof sprach zum König: *»Halte du sie arm – ich halte sie dumm!«*

In den vergangenen Kulturepochen (☞ Kapitel 4) hatten die Menschen noch ein durchaus lebendiges Wissen von der Reinkarnationslehre. Der Gedanke der Wiederverkörperung ist ein sehr alter. Man findet ihn in der einen oder anderen Form in allen Kulturen der vorchristlichen Zeit. Wie man der *»Bhagavad Gita«* entnehmen kann, war er schon bei den alten Indern, die einige Jahrtausende vor unserer Zeitrechnung lebten, bekannt. Ebenso kannten ihn etwa die Ägypter, die Hebräer und die frühen Griechen. In allen Mysterienstätten des Altertums wurde die Wiederverkörperung gelehrt. Dass zumindest einige Menschen in den ersten nachchristlichen Jahrhunderten noch diesem Gedanken anhingen, kann man den Schriften der Gnostiker und der ersten Kirchenväter, insbesondere denen des *Origines*, entnehmen.

Im gesamten Mittelalter spielte das Reinkarnationsthema in der *westlichen* Welt keine Rolle, was gewiss nicht zuletzt daran lag, dass die Wiederverkörperung von der Kirche als ketzerisch erklärt wurde. Erst wieder in der Zeit des deutschen Idealismus traten einige große Dichter und Denker auf, in deren Seelen eine Ahnung von dieser Weltentatsache aufleuchtete, über die sie zumindest zarte Andeutungen machten. Hier ist allen voran an *Gotthold Ephraim Lessing*, aber auch an *Johann Gottfried Herder, Jean Paul, Friedrich Schiller* und *Johann Wolfgang von Goethe* zu denken. Die Zeit war allerdings noch nicht reif, dass die Reinkarnationslehre gedanklich *klar* erfasst werden konnte. In seinem Werk *»Die Erziehung des Menschengeschlechts«*, das er in seinen reifsten Jahren schrieb, zeigt Lessing auf, dass das ganze menschliche Leben gar keinen Sinn machen würde, dass es gar nicht erklärbar wäre, wenn man *nicht* von den wiederholten Erdenleben ausgehen würde.

Wir wollen im Folgenden eine *ganz kurze* Einführung in die Reinkarnationslehre und das ganz eng damit verbundene Karmagesetz geben. Ohne ein Verständnis für diese großen kosmischen Gesetze könnte man viele Weltentatsachen niemals im rechten Lichte sehen.

3.1   Reinkarnation

Wenn ein Mensch geboren wird, betritt er *nicht* zum ersten Mal den irdischen Schauplatz. Die Erde ist kein ihm fremder Ort. Auch wenn es bei den weitaus meisten Menschen nicht die Bewusstseinsschwelle überschreitet, haben sie schon viele Male auf dem physischen Plan gelebt. Die Spuren ihrer Taten aus ihren früheren Inkarnationen sind der Erde eingeprägt.

Es ist das Ziel der Götter, dass jeder Mensch in einer urfernen Zukunft ein göttliches, schöpferisches Wesen werden *kann*. Das ist jedem Menschen in Aussicht gestellt. Es dürfte klar sein, dass der Mensch noch meilenweit von der Erreichung dieses Ziels entfernt ist. Er muss also noch einen langen Entwicklungsweg beschreiten, auf dem er vermöge seiner Ich-Kraft bewusst und mit heiligstem Ernst an seiner Veredelung arbeiten muss. An dieser Entwicklung kann der Mensch nur arbeiten, wenn er auf der Erde verkörpert ist. Wenn er nach dem Tod für lange Zeit in den höheren Welten verweilt, wird er dort sein abgelegtes Erdenleben aufarbeiten. Er kann dann wissen, was in seinem letzten Leben nicht so gut gelaufen ist, welche Fehler er gemacht hat und was er zu tun versäumt hat. Daraus wird er im Verein mit anderen Verstorbenen und den *geistigen Wesen der höheren Hierarchien* (☛ Kapitel 5) seine Schlüsse ziehen, so dass ihm der Antrieb erwachsen kann, es in seiner nächsten Inkarnation besser zu machen.

Zur geistig-seelischen Evolution des Menschen gehört ganz wesentlich, dass er alle Erfahrungsschätze sammelt, die man nur auf der Erde sammeln kann. Alles, was unsere materielle Welt an Möglichkeiten bietet, muss von ihm aufgenommen und durchlebt werden. Dazu gehören natürlich auch die sehr unangenehmen Erfahrungen sowie die Gefahr, Fehler zu begehen und sündig zu werden.

Bedenken Sie, wie unterschiedlich die Erfahrungen waren, die etwa ein Steinzeitmensch machen konnte, von denen, die ein Mensch heute machen kann. Wie verschieden war das, was die Seele eines alten Ägypters durchziehen konnte, von dem, was etwa eine Seele, die sich im Mittelalter verkörperte, erleben konnte. Das, was ein heutiger moderner Mensch an Impulsen aufnehmen kann, ist wiederum völlig verschieden von dem, was man im Mittelalter lernen konnte. Selbst das, was ein heutiger Mitteleuropäer lernen, erleben und erfahren sowie an spirituellen Lehren und Erkenntnissen aufnehmen kann, unterscheidet sich in vielerlei Hinsicht sehr stark von dem, was etwa einem Inder oder Araber möglich ist. Auch vieles von dem, was man als Mann erfahren kann, ist völlig anders, als wenn man sich als Frau inkarniert. Wenn man diese Gedanken ernst nimmt, wird klar, dass ein oder nur wenige Erdenleben niemals ausreichen können, um diese notwendigen Erfahrungen sammeln und die unterschiedlichen Lernprozesse durchmachen zu können. Dieses Ziel kann nur erreicht werden, wenn jeder Mensch sich viele, viele Male auf der Erde inkarniert.

Mit »lernen« ist hier im Übrigen nicht – oder zumindest nicht nur – der Erwerb oder gar das Anhäufen von Wissen über die äußere, materielle Welt gemeint. Es geht also nicht etwa darum, ein Gelehrter zu werden. Was aber ganz wesentlich zu diesem »Lernen« gehört, ist, dass der Mensch bestrebt ist, die spirituellen Erkenntnisse und Lehren der großen Eingeweihten und Geisteslehrer des jeweiligen Zeitalters, die man gewissermaßen als Sendboten der geistigen Welt bezeichnen kann, aufzunehmen und diese in sein ganz alltägliches Leben zu integrieren. Auch wenn die großen »kosmischen Wahrheiten« ewig gültig sind, so müssen diese doch den Menschen unterschiedlicher Epochen und Kulturen auf jeweils andere Art und Weise mitgeteilt werden. Für die Gegenwart – und auch noch für die nächsten Jahrhunderte – ist es die Anthroposophie Rudolf Steiners, die den Menschen die geistigen Erkenntnisse in einer zeitgerechten Form, die mit den seelischen Kräften der heutigen Menschheit rechnet, schenkt.

Das Wissen um die wiederholten Erdenleben darf unsere Bemühungen, uns in der notwendigen Weise im geistig-seelischen Sinne zu vervollkommnen, nicht schmälern. Wir müssen uns bewusst machen, dass wir an jedem Tag unseres jetzigen Lebens die Möglichkeit haben, auf das ganz große Ziel hinzuarbeiten. Es wäre fatal zu sagen, dass wir noch viele Leben Zeit hätten, unsere Entwicklung voranzutreiben. »Wenn jemand den anderen Einwand erheben würde, daß viele sich sagen könnten: Ich habe spätere Erdenleben vor mir, da brauche ich erst in den späteren Leben ein ordentlicher Mensch zu werden; jetzt habe ich noch Zeit, jetzt kann ich noch ein unordentlicher Mensch sein, so wäre das ein Einwand, der auch theoretisch zu widerlegen ist. Um sich aber richtig zu ihm zu stellen, dazu gehört, daß man die praktischen Verhältnisse kennt. Man muß wissen, daß jemand, welcher der Ansicht wäre, er bräuchte in seinem jetzigen Leben noch kein ordentlicher Mensch zu sein, er wolle dies erst im nächsten Leben werden, durch einen solchen Vorsatz in sein nächstes Leben hineingewirkt hat. Wenn er nicht jetzt beschließt, ein ordentlicher Mensch zu werden, so hat er eben auch für das nächste Leben nicht die nötigen Grundlagen dazu. Er benimmt sich also jetzt schon die Fähigkeit, um später ein ordentlicher Mensch zu sein; er schafft sich selbst die Kräfte dafür hinweg.«[2] Was wir im gegenwärtigen Leben versäumen, können wir nicht ohne weiteres in einem späteren nachholen. Zunächst einmal müssen wir uns so ›annehmen‹, wie wir aufgrund unserer bisherigen Entwicklung geworden sind. Dann geht es ganz wesentlich darum, alle notwendigen Erfahrungen und Lernprozesse zu machen, die uns *dieses* Leben bietet. Das, was wir an Erfahrungen sammeln und uns an göttlich-geistigen Erkenntnissen strebend erwerben, sind die ›Schätze‹, denen Rost und Motten nichts anhaben können, wie es im Matthäus-Evangelium heißt.[3] Diese können wir nach unserem Tod mit in die Himmelswelt tragen. Die Früchte, die wir in einer Inkarnation gesammelt haben, können wir in die nächste mitnehmen.

3.2 Karma

Die Reinkarnationslehre ist allenfalls bedingt verständlich, solange man nicht auch die KARMALEHRE heranzieht. Reinkarnation und Karma sind in engster Weise miteinander verknüpft. Die Karmalehre ist die ›Zwillingslehre‹ der Reinkarnationslehre.

Auch wenn der Mensch, während er jetzt auf der Erde lebt, nichts mehr von seinem letzten Erdenaufenthalt weiß, muss es ja wohl einen gewissen *kausalen Zusammenhang* geben zwischen dem, was er im letzten Leben gemacht hat, und dem, was jetzt auf ihn zukommt. Wenn man den Gedanken der Entwicklung, die sich über viele Inkarnationen erstreckt, berücksichtigt, ist doch wohl nicht zu erwarten, dass etwas, was wir in einem früheren Leben gemacht oder gedacht haben, so gar keine Auswirkungen auf unser heutiges Leben haben könnte. Goethe wäre nicht der große, berühmte Denker und Dichter geworden, wenn er in seinen früheren Verkörperungen nicht die dazu notwendigen Voraussetzungen geschaffen hätte. Damit sind wir beim Begriff »Karma«. Ohne das Gesetz vom Karma würden die wiederholten Erdenleben nicht zum angedachten Ziel führen können, ja sie wären sogar ziemlich sinnlos.

Doch was versteht man eigentlich unter KARMA? Karma ist das große *»kosmische Gesetz von Ursache und Wirkung«*. Es äußert sich in bestimmten Wirkungen, die uns Menschen widerfahren und deren Ursachen in unseren Taten oder Verhaltensweisen aus einem früheren Leben liegen. **»Das Karma ist das Gesetz von Ursache und Wirkung für die geistige Welt, wie die Mechanik das Gesetz von Ursache und Wirkung in der materiellen Welt ist.«**[4] **»Wenn wir nun zum Geistesleben aufsteigen, dann tritt uns das physische Gesetz von Ursache und Wirkung im höheren Leben entgegen, das Gesetz von Karma. Dieses Gesetz von Karma besagt für den Geist genau dasselbe, was das Gesetz von Ursache und Wirkung, das Gesetz der**

Kausalität, für die äußeren, physischen Erscheinungen besagt. Wenn Sie irgendeine Tatsache in der äußeren physischen Welt sehen, wenn Sie sehen, daß ein Stein zur Erde fällt, dann fragen Sie: Warum fällt der Stein? – Und Sie ruhen so lange nicht, bis Sie die Ursache festgestellt haben. Wenn Sie geistige Erscheinungen haben, müssen Sie ebenso nach den geistigen Ursachen fragen. Und wie nahe liegen uns die geistigen Tatsachen! Der eine ist ein Mensch, den wir einen glücklichen nennen, ein anderer ist sein ganzes Leben hindurch zum Unglück verurteilt. Was wir Menschenschicksal nennen, schließt sich in die Frage ein: Warum ist dieses und jenes? Vor diesem Warum steht die ganze äußere Wissenschaft vollständig ratlos da, weil sie ihr Gesetz von Ursache und Wirkung nicht anzuwenden weiß auf die geistigen Erscheinungen.«[5]

Nichts von dem, was ein Mensch in einem Erdenleben an Gutem wie an Schlechtem erfährt, ist als göttliche Willkür oder als Zufall zu werten. Alle Erlebnisse und Erfahrungen, die ein Mensch haben kann, sind die Wirkungen ganz bestimmter Ursachen und in vielen Fällen die gesetzmäßigen Folgen seiner Taten aus einem früheren Leben. Seine Taten im derzeitigen Leben werden ihre Folgen – positive sowie negative – im nächsten Leben haben.

Man darf sich allerdings nicht auf den fatalistischen Standpunkt stellen, dass ein Mensch, der ein sehr schweres Schicksal – etwa eine Behinderung oder schwere Krankheit – zu tragen hat, in einem seiner früheren Leben *unbedingt* ein absolut schlechter Mensch gewesen sein oder ganz schlimme Taten begangen haben müsste. Es kann durchaus auch so sein, dass dieses harte Schicksal von dem Menschen in seiner vorgeburtlichen Zeit selbst gewählt wurde. In der geistigen Welt ist die Seele viel weiser. Sie weiß, welche Erfahrungen sie benötigt, um in ihrer geistig-seelischen Entwicklung voranschreiten zu können. In einem solchen Fall stellt dieses Schicksal keine karmische Wirkung, sondern eine *erste Ursache* dar, die im Leben nach dem Tod und im nächsten Erdenleben eine positive Wirkung nach sich zieht.

In jedem Leben verschulden wir uns in der einen oder anderen Weise an unseren Mitmenschen. Eine Verschuldung gehen wir nicht nur dadurch ein, dass wir Handlungen *begehen*, die einem anderen schaden, sondern viel häufiger dadurch, dass wir Handlungen *unterlassen*, die einen anderen fördern könnten. Dieses Schuldigwerden erfordert, dass wir in einem nächsten Leben die Möglichkeit bekommen, für einen Ausgleich zu sorgen. Die Verschuldungen, die wir einer Individualität gegenüber aufweisen, können wir auch nur im irdischen Zusammenleben mit dieser wieder gutmachen. Je enger wir mit einem Menschen zusammenleben, desto größer sind die Möglichkeiten, ihm gegenüber schuldig zu werden oder ihm seine Schulden ›zurückzuzahlen‹. Somit ist es der absolute Normalfall, dass wir beispielsweise unsere Eltern, Geschwister, Ehepartner, Kinder und guten Freunde bereits aus vielen Leben ›kennen‹ und noch in vielen weiteren Leben treffen werden. Das heißt natürlich nicht, dass wir in früheren oder zukünftigen Leben mit diesen Individualitäten wieder in der gleichen Beziehung stünden. So wäre es etwa möglich, dass diejenige Individualität, die im jetzigen Leben unser Vater ist, in einem folgenden Leben unsere Tochter, unser Ehepartner oder unser Freund wird.

Das Karmagesetz ist nichts, das wir fürchten sollten. Vielmehr sollten wir den Weltenlenkern dankbar sein, dass sie uns dadurch die Möglichkeit geschenkt haben, alle unsere Verfehlungen wieder auszugleichen und in unserer Entwicklung vorwärtsschreiten zu können.

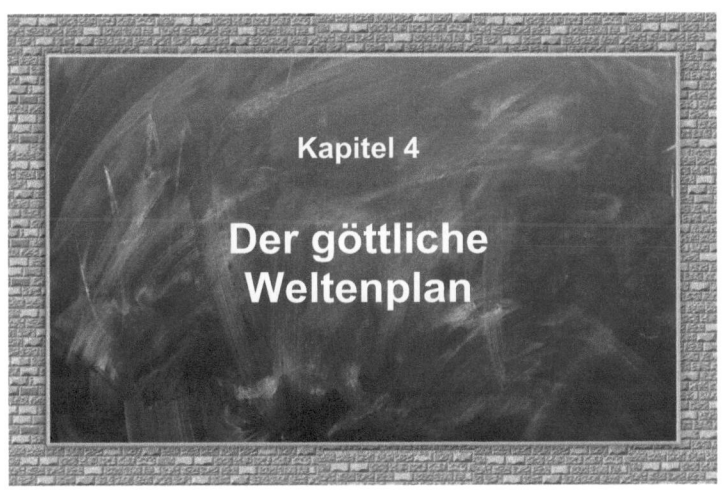

Kapitel 4

Der göttliche Weltenplan

*Über dem Gebiete der Intuition liegt die Region,
in welcher aus geistigen Ursachen heraus
der Weltenplan gesponnen wird.*

Rudolf Steiner[1]

Die weitaus meisten Menschen gehen davon aus, dass der Mensch schon vor Urzeiten in einer ähnlichen Gestalt auf der Erde aufgetreten sei, wie er heute noch vor uns steht. In den religiösen Bekenntnissen glaubt man, der Mensch sei von Gott im Beginn der Erdenentwicklung sozusagen ›in einem Zuge‹, quasi ›von heute auf morgen‹, in einem ›Arbeitsgang‹ aus dem Nichts geschaffen worden. Alles, was sich viele unter »Entwicklung« des Menschen vorstellen können, bezieht sich fast ausschließlich auf die Ausgestaltung seines physischen Leibes. So wird etwa keiner bestreiten, dass ein Steinzeitmensch vor vielen Tausend Jahren eine ganz andere Kopfform aufwies und noch einen weniger aufrechten Gang hatte als der heutige Mensch. Ansonsten verbindet man mit dem Entwicklungsbegriff nur das, was sich durch den kulturellen Fortschritt der Menschheit ergeben hat. Die Fortentwicklung des Menschen, so sagen viele, sei daran abzulesen, dass er nicht mehr Sammler und Jäger sei und nicht mehr in primitiven Hütten oder Höhlen hause.

Das ist aber viel zu eng gedacht. Die Entwicklung des Menschen ist in einem sehr viel umfassenderen Sinne zu verstehen. Nicht nur seine intellektuellen und kulturellen Fähigkeiten sowie seine physische Leiblichkeit unterliegen einem gewaltigen Entwicklungsprozess, auch alle Wesensglieder, die seine gesamte geistig-seelische Wesenheit ausmachen, sowie sein *Bewusstsein* haben sich seit urferner Vergangenheit bis zum heutigen Tage weiterentwickelt und werden sich vom heutigen Tage bis in die fernste Zukunft hinein weiterentwickeln. Das Fernziel der Menschen ist kein geringeres, als dass sie in urferner Zukunft schaffende göttlich-geistige Wesen werden können. Dieses Ziel ist ihnen geradezu vorbestimmt.

Dieses ebenso spannende wie schwierige Thema kann hier nur ganz kurz gestreift werden, um den Rahmen dieses Buches nicht zu sprengen. Wir wollen die großen Stationen dieses unermesslich langen Evolutionsprozesses des Menschen hier zumindest mit einigen Strichen skizzieren, soweit es für das Verständnis der Themen im Hauptteil dieses Buches erforderlich ist. Ein Leser, der hierzu Näheres erfahren möchte, sei auf unser bereits empfohlenes Buch hingewiesen (☞ Seite 12), in dem auch alles, was hier in den ersten vier Kapiteln nur kurz angeführt werden kann, sehr ausführlich dargestellt wird.

Es ist ja eine Binsenweisheit, dass es unser heutiges Sonnensystem mit der Erde nicht schon immer gegeben hat. Das Universum ist vor etwa 14 Milliarden Jahren entstanden bzw. erschaffen worden. Unsere Erde wurde vor ca. 4,5 Milliarden Jahren geboren. Wie jedem klar sein dürfte, wird sie nicht ewig existieren. Wie alles Materielle unterliegt sie dem Werden und Vergehen. In ferner Zukunft wird die Erde den sogenannten »Wärmetod« sterben. Mit ihr wird das gesamte planetarische System zugrunde gehen. Es wird dann nichts Physisches, nichts Materielles mehr vorhanden sein.

So weit ist das gewiss jedem Menschen bekannt. Der wohl allgemeine Konsens ist, dass vorher *nichts* existiert hätte. Wenn ein Mensch nicht religiös gesinnt ist, wird er zudem glauben, dass nach dem Weltuntergang nichts mehr existieren würde. Das entspricht aber nicht den Tatsachen. Das, was vor der Entstehung der heutigen Erde war und was nach ihrem Untergang sein wird, kann heute nur von einem hohen Eingeweihten wie Rudolf Steiner auf geistigem Wege erforscht und uns mitgeteilt werden. Das was der große Geisteslehrer durch sein Forschen in der Akasha-Chronik, dem großen Weltengedächtnis, herausgefunden hat, ist äußerst gewaltig. Es reicht in eine ur-urferne Vergangenheit zurück, von der die Wissenschaftler nicht einmal zu träumen wagen, und in eine ur-urferne Zukunft hinein.

Um diesen Entwicklungsprozess der Erde verstehen zu können, muss man zunächst einmal wissen, dass auch unsere Erde mit dem gesamten Sonnensystem dem *Gesetz der Reinkarnation* unterliegt. Genau wie der Mensch macht die Erde viele verschiedene Verkörperungen durch. Am Ende einer jeden Inkarnation löst sich das Physische des Planeten vollständig auf; der Planet stirbt. Bis zur neuen Verkörperung, also der Entstehung des Nachfolgeplaneten, spielt sich das Leben ausschließlich im Geistigen ab. In einem solchen Zwischenzustand, den man PRALAYA oder WELTENNACHT nennt, ist im Äußerlich-Sichtbaren gar nichts vorhanden, aber alle Kräfte, die der Mensch und alle anderen Wesen aus dem Planeten herausgezogen haben, sind dann *in* ihnen und bilden den Samen für das nächste Zeitalter.

4.1 Die früheren Verkörperungen der Erde

Die erste Verkörperung der Erde, auf die ein besonders begnadeter Hellseher heute noch geistig in der Akasha-Chronik schauen kann, wird als ALTER SATURN bezeichnet. Dieser uralte Weltenkörper, den man natürlich nicht mit dem heutigen gleichnamigen Planeten verwechseln darf, war die erste Verkörperung unserer Erde bzw. unseres gesamten Planetensystems. Der alte Saturn war ein riesiger, reiner Wärmekörper, der sich etwa von der heutigen Sonne bis zum heutigen Saturn, den er umfasst hätte, ausdehnte. Es gab nichts

Luftförmiges, Flüssiges oder gar Festes. Wärme war das einzige Element. Es gab weder Licht noch Töne.

Bereits in dieser urfernen Vergangenheit wurde der physische Leib des Menschen veranlagt. Wenn man bedenkt, dass es in dieser Zeit noch keine Stofflichkeit, wie wir sie heute kennen, gab, ist klar, dass diese menschlichen Leiber noch *völlig* anderer Art waren. Es waren reine Wärmeleiber. **»Wenn Sie heute alles von sich entfernen könnten außer Ihrer Blutwärme, dann würden Sie jene ersten Anlagen des Menschen wieder vor sich haben. [...] Der Saturn bestand dazumal aus lauter Menschenanlagen, die so zusammengeballt waren, wie die kleinen Beerchen einer Brombeere eine größere bilden: ebenso war die Saturnmasse eine große Beere, aus lauter Beerchen zusammengesetzt, die Menschen(anlagen) waren.«**[2]

Der Mensch hatte auf dem alten Saturn ein TIEFES TRANCEBE-WUSSTSEIN, das dumpfer war als das, was er heute im traumlosen Schlaf hat. Es ist das Bewusstsein, das in unserer Zeit die Mineralien haben. Heute wäre man geneigt, von Bewusstlosigkeit zu sprechen. Aber eine Bewusstlosigkeit gibt es nicht. Selbst das trübste und dumpfste Bewusstsein ist eben doch ein Bewusstsein.

Nach dem Untergang des alten Saturn und des darauf folgenden Pralayas entstand ein neuer Weltenkörper, die sogenannte ALTE SONNE. Dieser Weltenkörper, den man nicht mit unserer heutigen Sonne verwechseln darf, war der wiedergeborene oder wiederauferstandene alte Saturn. Die Wärme, aus welcher der alte Saturn bestanden hatte, differenzierte sich jetzt in Licht und Rauch. Dadurch bestand die alte Sonne innerlich aus Luft, aus strömendem Gas. Nach außen erglänzte sie in strahlendem Licht.

Auf der alten Sonne wurde der physische Leib des Menschen umgewandelt, verfeinert. Seine Substantialität musste natürlich dem luftförmigen Element des Planeten angepasst werden. In dieser Zeit wurde dem Menschen auch der Ätherleib verliehen. Die zweite Stufe der Ausbildung des physischen Menschen war die Durcharbeitung des physischen Körpers mit dem ätherischen Leib. Dadurch wurde er ein lebendiger Organismus.

Das Bewusstsein, das der Mensch hatte, war um einen Grad höher, als es auf dem alten Saturn der Fall war. Es war ein TIEF-SCHLAFBEWUSSTSEIN, vergleichbar mit dem, das wir heute in einem traumlosen Schlaf haben. Es ist das Bewusstsein, das die Pflanzen gegenwärtig haben.

Aus dem Sonnennebel heraus entwickelte sich auch die erste Anlage für das Tierreich. Es kann also keine Rede davon sein, dass die Tiere schon vor dem Menschen existiert hätten. Somit ist auch die These, der Mensch stamme vom Tier ab, absurd.

Die nächste Wiederverkörperung unserer Erde wird in der Geisteswissenschaft ALTER MOND genannt. Sie folgte der Inkarnation der alten Sonne und ging unserer heutigen Erdeninkarnation unmittelbar voraus. Der alte Mond war ein zähflüssiger Körper mit einer von Feuchtigkeit durchzogenen Atmosphäre aus Feuerluft. Es gab noch keine dichten, materiellen Stoffe, noch nichts Mineralisches, also auch noch keinen festen Erdboden. Das dichteste Element war das Wässrige.

Während der physische Leib des Menschen nun schon auf der dritten Stufe stand, stand der Ätherleib auf der zweiten. Neu hinzu kam jetzt der Astralleib. Gegen Ende der alten Mondenentwicklung wurde dem Menschen die Weisheit eingeprägt.

Das höchste Bewusstsein, das der Mensch auf dem alten Mond hatte, war ein TRAUM- oder BILDERBEWUSSTSEIN, welches aber nicht mit dem vergleichbar ist, das wir heute während eines Traumes haben. Es war damals noch viel lebendiger und hatte nicht das Wirre der heutigen Träume. Es entsprach vielmehr genau dem, was in der seelisch-geistigen Umgebung vorhanden war (☛ auch Anhang, Tabelle 2, S. 170).

4.2 Die heutige Erde

Nach dem Untergang des alten Mondes folgte wieder eine Weltennacht. Im Physisch-Sichtbaren war nichts vorhanden. Alles Leben spielte sich im Geistigen ab. Dann kam es zu der nächsten Verkörperung, unserer *heutigen* Erde und dem zu ihr gehörigen planetarischen System.

Die Erde ist der Schauplatz des Menschen, wenn er sich in der Zeit zwischen Geburt und Tod befindet. Jeder Mensch betritt diesen Schauplatz viele Male. Er ist hier die wichtigste *physisch* verkörperte Wesenheit. Auf der heutigen Erde macht der Mensch seine eigentliche *Menschheitsstufe* durch. Hier kann er erst so richtig *Mensch* werden. Als viertes Wesensglied hat er hier – vor nicht einmal allzu langer Zeit – sein Ich erhalten, das ihm ermöglicht, aus seiner menschlichen Freiheit heraus und ohne äußere Veranlassung seine geistig-seelische Entwicklung selbst in die Hand zu nehmen.

Wie bereits erwähnt, sind die Erde und das gesamte zu ihr gehörige planetarische System von der göttlichen Weltenordnung nach den Erfordernissen, die der Mensch für seine höhere Entwicklung braucht, ein- und ausgerichtet.

Auf der Erde nahm der Mensch erstmals einen mineralischen Körper an. Übrigens, das was man »mineralisch« oder »Mineralreich« nennt, gibt es nur auf der heutigen Erde. Auf den vergangenen Verkörperungen unseres Planeten hat es noch nichts Mineralisches gegeben, und auf den zukünftigen wird ebenfalls nichts Mineralisches mehr existieren.

Von der Schaffung des Erdenmenschen schildert die Genesis, die Schöpfungsgeschichte Mose. Erst in dieser Zeit begann der Inkarnationskreislauf, also die Notwendigkeit, dass sich der Mensch bis in eine fernere Zukunft hinein immer wieder auf der Erde verkörpert. Aber selbst die ersten Erdenmenschen waren nicht nur, was ihre intellektuellen und kulturellen Fähigkeiten, ihre Art des Wahrnehmens und Empfindens usw. anbelangt, sondern auch, was ihre Leiblichkeit angeht, einem heutigen Menschen noch sehr, sehr unähnlich. Der physische Leib, der nun schon in sein viertes Entwicklungsstadium getreten war, hat sich im Laufe der Jahrmillionen immer weiter entwickelt und wird sich in die Zukunft hinein immer weiter entwickeln. Es ist noch gar nicht einmal so lange her, dass diese Leiber den heutigen erstmals ähnlich wurden. Nur wenn man berücksichtigt, dass der physische Leib in seinen ersten Anlagen schon auf dem alten Saturn entstanden ist und heute schon auf der vierten Stufe seiner Entwicklung steht, kann verständlich werden, dass er ein so vollkommenes Wunderwerk ist.

Die höchste Stufe des Bewusstseins eines heutigen Menschen ist das uns allen bekannte HELLE TAGES- oder WACHBEWUSST-SEIN, das man auch GEGENSTANDSBEWUSSTSEIN nennt.

Werfen wir noch einmal einen Blick auf die vier Wesensglieder, die ein heutiger Mensch sein Eigen nennt.

Die unteren drei Wesensglieder, also der physische Leib, der Ätherleib und der Astralleib, bilden gewissermaßen die Hüllen, in die das Ich sich im Erdendasein, wenn es wieder zu einer Geburt aus der geistigen Welt herabsteigt, einkleidet. Diese sind ihm – etwas salopp ausgedrückt – als ›Basisausstattung‹ von den Schöpfermächten verliehen worden. Wie wir gesehen haben, sind diese schon in urferner Vergangenheit veranlagt worden. Durch diese drei Wesensglieder wurde der Mensch wie die gesamte ihn umgebende Natur zum Geschöpf der göttlich-geistigen Welt.

Durch sein Ich ist er berufen, zum Schöpfer seiner selbst zu werden! Es ist die Aufgabe des Menschen, aus seinem Ich heraus seine drei unteren Leiber ›umzuarbeiten‹, zu veredeln und zu verwandeln. Auf diese Art kann es ihm gelingen, in der Zukunft die drei höheren Wesensglieder, Geistselbst, Lebensgeist und Geistesmensch, zu entwickeln. Dadurch kann er in seiner geistig-seelischen Evolution immer weiter schreiten.

Der Mensch hätte im Verlaufe der Erdenentwicklung niemals ein Ich aufnehmen können, er hätte niemals ein Ich-Wesen – also *Mensch* – werden können, wenn er nicht die drei vorausgegangenen Inkarnationsstufen der Erde durchlaufen hätte, in denen ihm seine unteren drei Wesensglieder nach und nach verliehen worden sind.

4.2.1 Hauptzeiträume und **Kulturepochen**

Es sei noch kurz erwähnt, dass man *jede* Inkarnationsstufe der Erde in sieben HAUPTZEITRÄUME und jeden Hauptzeitraum wiederum in sieben KULTUREPOCHEN unterteilen kann (☞ Anhang, Tabelle 3, S. 171).

Auf der gegenwärtigen Inkarnationsstufe der Erde befinden wir uns heute seit rund 10.000 Jahren im *fünften* Hauptzeitraum. Vier sind bereits vergangen, zwei werden in der Zukunft noch folgen. Unserem Hauptzeitalter unmittelbar vorausgegangen ist das AT-LANTISCHE und diesem wiederum das LEMURISCHE HAUPT-ZEITALTER. Die lemurische Zeit ist diejenige, aus der die Genesis von der Schaffung des Erdenmenschen erzählt.

Innerhalb unseres fünften Hauptzeitraumes leben wir seit dem Jahre 1413 in der *fünften* Kulturepoche. Diese wird bis 3573 dauern. Dann werden noch zwei folgen. Vorausgegangen sind uns zunächst die URINDISCHE, dann die URPERSISCHE, die ÄGYPTISCH-CHALDÄISCHE und die GRIECHISCH-LATEINISCHE.

4.3 Die zukünftigen Verkörperungen der Erde

Nach Ablauf unserer heutigen Erdenzeit wird sich die komplette Erde auflösen; alles Physische wird verschwinden. Es kommt zum sogenannten »Jüngsten Tag«, wie es in der Bibel genannt wird.

Dann wird die Erde in den geistigen Übergangszustand (Pralaya) eingehen, der sich wie ein Aufenthalt in der geistigen Welt darstellt, um nach geraumer Zeit in verwandelter Gestalt wieder hervorzutreten. Das wird dann die fünfte Verkörperung unserer Erde sein, die der jetzigen unmittelbar folgen wird. Auch im Neuen Testament finden wir einen Hinweis darauf. Der Evangelist *Johannes* schreibt in der »Geheimen Offenbarung«: *»Und ich sah einen neuen Himmel und eine neue Erde. Denn der erste Himmel und die erste Erde sind vergangen. [...] Und ich sah die heilige Stadt, das Neue Jerusalem [...]«*[3] Der Apokalyptiker bezeichnete diese »neue Erde« als »Neues

Jerusalem«. Einige Theologen glauben, dass mit diesem Begriff ein Bezirk in der geistigen Welt gemeint sei. Aber das widerspricht den Ergebnissen aller geisteswissenschaftlichen Forschungen. Wirklich gemeint ist damit die nächste Verkörperung der Erde. Die Eingeweihten nennen diese neue Erde NEUER JUPITER oder JUPITER-ERDE. Auch dieser Begriff hat wenig mit dem heutigen gleichnamigen Planeten zu tun.

Auf dieser neuen Erde wird es das, was wir heute als Mineralreich bezeichnen, nicht mehr geben. Das Pflanzenreich, das auf dem Jupiter eine völlig andere Form haben wird als auf der heutigen Erde, wird das unterste Reich sein. Um eine Stufe höher wird das ebenfalls verwandelte Tierreich stehen.

Der Mensch kann auf der Jupitererde sein Geistselbst bekommen. Dann ist er bereits ein rein geistiges Wesen, das keiner Verkörperung in einem Leib, der dem heutigen vergleichbar wäre, mehr bedarf. Von dem, was wir »Geburt« und »Tod« nennen, kann dann nicht mehr die Rede sein.

Während ein heutiger Mensch als höchste und hellste Form des Bewusstseins sein Tages-, Wach- bzw. Gegenstandsbewusstsein hat, wird er auf dem Jupiter noch ein weiteres, höheres haben, das Rudolf Steiner SELBSTBEWUSSTES BILDERBEWUSSTSEIN oder PSYCHISCHES BEWUSSTSEIN nannte. Zu der heutigen Selbstbewusstheit kommt hinzu, dass er nicht nur äußere Gegenstände wahrnehmen kann, sondern auch geistig-seelische Bilder, die ins helle Tagesbewusstsein eingebettet sind. Der Mensch wird dann mit Wesen in Verkehr treten können, welche seiner heutigen Sinneswahrnehmung vollständig verborgen bleiben; er wird aus ganz anderen Reichen als jetzt ihm vollkommen erkennbare Einflüsse empfangen.

Die Schauungen, die Johannes hatte und in der Apokalypse niederlegte, gingen nur bis zum Beginn des neuen Jupiters. Nur ein extrem begnadeter Geistesseher kann heute auf zwei weitere Erdinkarnationen blicken. Die auf den Jupiter folgende Verkörperung unseres Planeten wird NEUE VENUS genannt.

Nachdem es schon auf dem Jupiter kein Mineralreich mehr geben wird, wird auf der neuen Venus auch das Pflanzenreich verschwunden sein. Das unterste Naturreich wird das Tierreich in nochmals verwandelter Form sein. Über dem Tierreich wird es *drei* Menschenreiche geben, die sich durch ihren Grad an Vollkommenheit unterscheiden werden. Bis gegen Ende des Venusdaseins wird es den höchstentwickelten Menschen noch möglich sein, den übrigen dabei zu helfen, doch noch den Anschluss an die fortschreitende Entwicklung finden zu können.

Das zweite geistige Wesensglied des Menschen, der Lebensgeist, kann hier zur Reife kommen. Das höchste Bewusstsein, das der Mensch auf der Venus haben kann, wird in der Geisteswissenschaft INSPIRIERTES oder ÜBERPSYCHISCHES BEWUSSTSEIN genannt. Der Mensch kann dann nicht nur wahrnehmen, was in seiner Seele an Gefühlen, Leidenschaften und dergleichen vorhanden ist, sondern er kann den ganzen Charakter der Seele als einen einheitlichen Ton wahrnehmen.

Schließlich wird es in ur-urferner Zukunft zur (vorläufig) letzten Verkörperung der Erde kommen, auf die ein Eingeweihter heute noch seinen Geistesblick lenken kann. Diese Erdinkarnation wird als VULKAN bezeichnet.

Der Mensch kann hier sein höchstes Wesensglied, den Geistesmenschen, sowie ein noch höheres Bewusstsein erlangen, das Rudolf Steiner als INTUITIVES oder SELBSTBEWUSSTES ALLBEWUSSTSEIN bezeichnete. Obwohl die menschliche Seele ihre Individualität vollständig beibehalten wird, kann sie sich mit allen Wesenheiten vereint fühlen. Sie steckt gewissermaßen in allen Dingen und Wesenheiten ihres Blickfeldes.

Wenn es dem Menschen eines ur-urfernen Tages gelungen sein sollte, sein höchstes Wesensglied, den Geistesmenschen, auszubilden, so wird er vollständig vergeistigt, vollständig Geist sein.

Dazu schreibt die Geistesseherin *Judith von Halle: »Geht der Mensch mit ausgebildetem Atman* [Geistesmensch] *ins Vatergött-*

liche ein, würde das die Verherrlichung der Entwicklung schlecht-
hin bedeuten, denn dann würde der Mensch selbst zu einer Leben
erweckenden, schaffenden Gottheit werden und sein Planet zur
Sonne, zum Leben spendenden Fixstern eines neuen planetarischen
Entwicklungsstromes.«[4]

2. Teil

(Hauptteil)

Im 1. Teil dieses Buches mussten wir zunächst einige Bausteine zusammentragen, die für das Verständnis dessen, was in diesem 2. Teil geschildert werden soll, notwendig sind.

Wir wissen jetzt, was ein Mensch *wirklich* ist, welche Wesensglieder er besitzt und warum es notwendig ist, dass er durch viele Erdenleben schreitet. Dann haben wir einen Blick auf die drei übersinnlichen Welten geworfen und ein Verständnis dafür gewonnen, auf welche Art besondere Menschen diese Welten wahrnehmen können. Schließlich haben wir noch kurz betrachtet, wie sich unsere Erde und der Mensch seit ur-urferner Vergangenheit entwickelt haben und bis in die ur-urferne Zukunft hinein weiter entwickeln werden.

Nun haben wir das Rüstzeug, um uns langsam an die zentralen Themen dieses Buches heranwagen zu können. Wir wollen jetzt also Antworten auf die Fragen finden, die im Vorwort formuliert worden sind.

Kapitel 5

Die neun
Engelreiche

*Nicht jeder, der von einem Engel erleuchtet wird,
erkennt, von wem er erleuchtet wird.*

Thomas von Aquin

Es gehört zu den elementarsten Glaubensgrundlagen *aller großen Religionen*, dass es ein mit höchster Weisheit und Güte begabtes Wesen, das wir »Gott« zu nennen gewohnt sind, sowie zahlreiche weitere geistige Entitäten wie Engel, Erzengel usw. gibt. Noch vor gut fünfzig Jahren hätte man kaum einen Christen getroffen, der daran gezweifelt hätte, wenngleich die Vorstellungen, die man sich über diese Wesen gebildet hatte, recht dürftig und bisweilen sehr naiv waren. In unserem heutigen geistlosen materialistischen Zeitalter nimmt die Zahl der *sogenannten Christen* stetig zu, die zwar noch ein nebulöses Gottesbild haben, aber an der Existenz von Engeln Zweifel anmelden, weil sie das Verständnis für diese Wesen völlig verloren haben.

Das Magazin »Der Spiegel« titelt in der 17. Ausgabe des Jahres 2019: »Der Himmel ist leer«. In diesem Artikel wird berichtet, dass sich etliche Gemeindemitglieder, ja selbst viele Pfarrer, der christlichen Kirchen in aller Welt von diesen fundamentalen Glaubensgrundlagen distanziert haben, dass sie damit nichts mehr verbinden können. Einige haben sogar bekannt, dass sie nicht an die Existenz Gottes und anderer himmlischer Wesen glauben. Auch ein Leben nach dem Tod halten sie für reines Wunschdenken. Dass diese Zeitgenossen dennoch ›Gottesdienste‹ besuchen oder gar veranstalten, macht die Widersprüche und Torheiten des Materialismus und der Materialisten besonders deutlich.

Vermutlich gibt es heute mehr Menschen, die an die Existenz *physischer* außerirdischer Wesen glauben als an die geistiger bzw. übersinnlicher Wesen. In den 1980er Jahren war es der Schweizer *Erich von Däniken*, der in vielen Büchern Theorien über Außerirdische aufgestellt hat. Diese Werke wurden millionenfach gelesen und werden es heute noch. Seitdem gibt es eine gewaltige Flut weiterer Bücher und Filme, die über extraterrestrische Wesen schildern. Zugegeben, diese Schilderungen sind recht spannend und interessant. Aber es sind Fiktionen, die mit der Wirklichkeit nichts zu tun haben. Es ist eine Folge des Materialismus, dass die meisten Zeitgenossen sich physische Wesenheiten leichter vorstellen und sich eher mit ihrer Existenz anfreunden können, als ihnen das mit geistigen Wesen gelingt. So kann man letztlich auch auf den großen Irrtum hereinfallen, der Himmel sei leer.

In diesem Kapitel soll aufgezeigt werden, dass der Himmel – besser gesagt die höheren Welten – alles andere als leer sind. Dort webt und west eine unfassbar große Anzahl *geistiger* Wesen. Alle Wirkungen in der sichtbaren Welt gehen letztlich von diesen Wesenheiten aus, die alle ihren ganz bestimmten Platz und ihre ganz konkreten Aufgaben im göttlichen Weltenplan haben. Um dem oben zitierten Titel des Spiegelmagazins zu entgegnen, haben wir für dieses Buch den etwas plakativen Haupttitel *»Im Himmel herrscht Hochbetrieb«* gewählt.

Bis vor wenigen Jahrtausenden war in den alten Kulturen noch ein vitales Bewusstsein für diese Wesen vorhanden. Man wusste etwa noch, dass sich kein Stern am Firmament halten könnte, dass kein Planet seine exakte Umlaufbahn absolvieren könnte, dass kein Blitz und kein Donner möglich wären, wenn es nicht durch die Macht bestimmter Geistwesen, die sie als Götter verehrten, bewirkt würde. Wenn heute jemand vom »Wettergott« redet, so ist das natürlich zumeist scherzhaft, bestenfalls allegorisch gemeint. Heute sieht man in den Naturkräften und Naturgesetzen nur wesenlose Kräfte oder Energien und lacht über die Naivität der Menschen früherer Epochen. Im gesamten Kosmos gibt es aber keine wesenlosen Kräfte oder Energien. Das, was es in großer Mannigfaltigkeit gibt, sind keine wesenlosen Kräfte, sondern vielmehr *kraftvolle Wesen*. Alles, was wir als Wirkungen in der Welt wahrnehmen können, sind *Offenbarungen*, die letztendlich von geistigen Wesenheiten ausgehen. In dem Bewusstsein dieser Wesen liegt der Ursprungsquell und die eigentliche Substanz, aus der die Wirklichkeit gewoben ist.

5.1   Menschen- und **Götterprojekte**

Selbstverständlich gibt es auch heute noch etliche religiös gesinnte Menschen, die sehr wohl an göttliche Schöpfermächte glauben. Viele von ihnen kommen allerdings nicht darüber hinaus, sich unter der »Gottheit« ein *einziges* und völlig unergründliches Wesen vorzustellen. Dieses *eine Wesen* – so glauben sie – habe sozusagen im Alleingang alle Welten und alle anderen Wesen geschaffen, dieses Wesen lenke und leite die ganzen Weltenverhältnisse, beschütze die Menschen vor Unheil usw. Diese Vermutung ist genauso eine leere Abstraktion, wie wenn jemand die Frage, wer den Kölner Dom gebaut habe, mit »Die Menschheit« beantworten würde. Auch wenn man diese Antwort nicht als völlig falsch bezeichnen kann, so trägt sie nicht sonderlich zum Verständnis bei. Wie jeder weiß, musste es zunächst einmal einen Menschen – vielleicht auch mehrere – geben, der die Idee zu diesem Bauprojekt hatte. Man könnte hier vom Bauherrn sprechen. Dieser hat dann einen oder mehrere Architekten beauftragt, die seine Vorgaben in einen Bauplan umgesetzt haben. Dann bedurfte es zur Realisierung des Projektes vieler weiterer ganz *konkreter* Menschen, solcher Menschen, die ganz bestimmte Berufe oder Fähigkeiten hatten: Maurer, Zimmerer, Steinmetze, Stuckateure, Maler, Bildhauer, Handlanger usw. Alle diese menschlichen Persönlichkeiten, die an dem Schaffungsprozess des Kölner Domes beteiligt waren, hatten einen Namen und eine ganz bestimmte Aufgabe im Rahmen des Gesamtprojektes. Auch heute bedarf es noch ganz konkreter Menschen, die etwa dafür sorgen, dass notwendige Restaurierungen oder bauliche Änderungen, Erweiterungen und Verbesserungen am Kölner Dom vorgenommen werden können.

Ähnlich verhält es sich auch in den übersinnlichen Welten. Hier webt und west eine schier unfassbar große Anzahl *ganz konkreter* göttlich-geistiger Wesen, die alle ihre Aufgaben im göttlichen Weltenplan haben. Diese hohen und erhabenen Wesenheiten sind permanent schöpferisch und schaffend tätig und tragen damit entscheidend dazu bei, die göttlichen Ziele zu verwirklichen. Zur Realisierung eines großen Menschenprojektes – denken Sie etwa wieder an den Bau des Kölner Domes – sind viele menschliche Wesen vonnöten, die je nachdem, was sie konkret zu leisten haben, in verschiedene Hierarchien oder Stufen eingeteilt werden können. So steht etwa der Architekt, der ja das gesamte Projekt überblicken muss, auf einer viel höheren Stufe als etwa ein Bildhauer, der für seine Arbeit vielleicht lediglich eine ganz bestimmte Heiligenfigur oder dergleichen im Blickpunkt hatte. Während der Bildhauer nur ein Bewusstsein von seiner Figur hat, hat der Architekt ein Bewusstsein von dem gesamten Dom.

Analog verhält es sich bei den ›Götterprojekten‹. Auch hier sind unzählige göttlich-geistige Wesen notwendig, um ein solches Projekt verwirklichen zu können.

5.2 Die geistigen Wesen der höheren Hierarchien

Diese göttlich-geistigen Wesen, die zur Realisierung der Götterziele benötigt werden, bezeichnet man meistens mit einem sehr pauschalen Begriff als »Engel«. Dieser Begriff wird heute häufig recht undifferenziert verwandt, so dass der Eindruck entstehen könnte, als wäre er eindeutig, als gäbe es nur *eine* Art oder *eine* Ordnung von Engeln, als gäbe es nur *ein* Engelreich. Würde man *alle* Engel *einem einzigen* Reich zuordnen, so wäre das eine genauso unzulässige Vermischung bzw. Gleichschaltung, wie wenn man sagen würde: Mineralien, Pflanzen, Tiere und Menschen gehören auf der Erde zu ein und demselben Reich und es gibt keine Notwendigkeit zwischen diesen vier Wesenheiten zu differenzieren; sie sind im Grunde alle gleich oder zumindest ähnlich und haben gleiche oder ähnliche Fähigkeiten und Aufgaben.

Eine solche Behauptung käme vermutlich jedem absurd vor.

In diesem Kapitel soll dargestellt werden, dass man nicht weniger als *neun* verschiedene Arten von Engeln bzw. neun verschiedene Engelreiche unterscheiden muss. Auch wenn der Vergleich etwas grob sein mag, so kann doch gesagt werden, dass der Unterschied zwischen den Wesen zweier benachbarter Engelreiche ebenso groß ist wie der zwischen Menschen und Tieren oder zwischen Tieren und Pflanzen.

In der Tat müssen diese Wesen in Abhängigkeit von ihren Fähigkeiten und dem Umfang dessen, was sie mit ihrem Bewusstsein überblicken können, in verschiedene Hierarchien sowie Reiche, Stufen oder Kategorien eingeteilt werden. Mit diesen Reichen werden die vier Reiche von Wesenheiten, die in der physischen Welt vertreten sind – Mineral-, Pflanzen-, Tier- und Menschenreich – nach ›oben‹ fortgesetzt. Daher bezeichnet man diese Wesen als GEISTIGE WESEN DER *HÖHEREN* HIERARCHIEN. In der kirchlichen Tradition sind diese ENGEL-HIERARCHIEN oder ENGEL-CHÖRE durchaus bekannt, wenngleich viele damit heute nichts Rechtes mehr zu verbinden verstehen.

Wir wollen nun diese neun Engelreiche ein wenig kennenlernen. Im Christentum ist durchaus bekannt, dass es beispielsweise *Erzengel* gibt. In einigen liturgischen Texten und Kirchenliedern ist zudem von *Cherubim* und *Seraphim* die Rede. Die Begriffe »Cherub«, das ist der Singular von Cherubim, sowie »Cherubim« kommen in der Bibel immerhin 72 Mal vor.

Damit haben wir neben den ›normalen‹ Engeln (☛ 5.2.1, S. 75), um die es in diesem Buch in erster und entscheidender Linie gehen soll, schon drei weitere ›Arten‹ von Engelwesen, die alle in vielerlei Hinsicht sehr verschieden voneinander sind.

Die Bezeichnungen für diejenigen Engelwesen, die zu den noch nicht genannten fünf Reichen gehören, sind vielen gar nicht bekannt, zumal in der Kirche und im Religionsunterricht kaum etwas von ihnen zu hören ist. Dennoch werden sie in der Bibel – insbesondere in den *Paulusbriefen* – erwähnt. Um das zu dokumentieren, sollen drei Verse in der Übersetzung von *Martin Luther* zitiert werden, in denen von ihnen die Rede ist. [Hinter ihren Bezeichnungen sind in eckigen Klammern die Begriffe, die im griechischen Originaltext stehen, angeführt.]

Im Brief an die Kolosser heißt es: *»Denn durch ihn ist alles geschaffen, was im Himmel und auf Erden ist, das Sichtbare und das Unsichtbare, es seien Throne* [Thronoi] *oder Herrschaften* [Kyriotetes] *oder Fürstentümer* [Archai] *oder Obrigkeiten* [Exusiai]; *es ist alles durch ihn und zu ihm geschaffen.«*[1]

Im Römerbrief lesen wir: *»Denn ich bin gewiß, daß weder Tod noch Leben, weder Engel noch Fürstentümer* [Archai] *noch Gewalten* [Exusiai], *weder Gegenwärtiges noch Zukünftiges, weder Hohes noch Tiefes noch keine andere Kreatur mag uns scheiden von der Liebe Gottes, die in Christo Jesu ist, in unserm Herrn.«*[2]

Dann werfen wir noch einen Blick auf das, was Paulus im Brief an die Epheser schreibt: *» [...] welcher gewirkt hat in Christo, da er ihn von den Toten auferweckt hat und gesetzt zu seiner Rechten im Himmel über alle Fürstentümer* [Archai], *Gewalt* [Exusiai], *Macht* [Dynamis], *Herrschaft* [Kyriotetes] *und alles, was genannt werden* *mag, nicht allein auf dieser Welt, sondern auch in der zukünfti-gen.«*[3]

Wie gesagt – diese Paulusbriefe werden in der Kirche selten ver-lesen, so dass sie vielen Christen gar nicht bekannt sind. Aber selbst wenn jemand diese Verse hört oder liest, wird er mit Begriffen wie »Herrschaften«, »Obrigkeiten«, »Gewalten« usw. vermutlich alles Mögliche verbinden, nur nicht, dass es sich um Bezeichnungen ganz konkreter geistiger Wesenheiten handelt. Dieses Problem hat seine Ursache nicht zuletzt in den vielleicht etwas unpassenden Übersetzungen, die Luther gewählt hat.

Die Tatsache, dass es mehrere Rangstufen von Engeln gibt, war zumindest den Eingeweihten schon immer bekannt. Im ersten nach-christlichen Jahrhundert bekam *Dionysius Areopagita*, ein in Athen lebender Schüler und Freund des Apostels Paulus, von diesem den Auftrag, die Lehre von den *Engelchören* bzw. *Engelreichen* zu be-gründen und diese bestimmten Eingeweihten von Mund zu Ohr mitzuteilen. Da diese Lehre erstmals im 6. Jahrhundert aufgeschrie-ben wurde, zweifeln heutige Theologen die Existenz des Dionysius Areopagita an und sprechen von den Schriften des ›Pseudo-Diony-sius‹.[4] Dionysius brachte diese mannigfaltigen Wesenheiten erst-mals in ein System, das dann später von Rudolf Steiner bestätigt und verfeinert wurde.

Wenn man die von Steiner gewählten Bezeichnungen für die Wesen der neun Engelreiche heranzieht (z.B. *»Geister der Bewegung«* an-stelle von »Mächte« oder *»Geister der Form«* statt »Gewalten« bzw. »Obrigkeiten«), wird deutlich, dass es sich hier um *Wesen-heiten*, um *Geistwesen* handelt (☞ Anhang, Tabelle 4, S. 172). Auch kann man aus diesen Bezeichnungen schon zumindest *ein wenig* ableiten oder zumindest ahnen, worin die wichtigsten Aufga-ben dieser verschiedenen Wesen bestehen.

Die Engelwesenheiten lassen sich in Abhängigkeit von ihrem Ent-wicklungsstand, ihrem Bewusstsein, ihren Fähigkeiten sowie ihren Aufgaben in drei HIERARCHIEN unterteilen. Jede der drei Hierar-

chien wiederum lässt sich in drei STUFEN oder REICHE unter-
gliedern, so dass man insgesamt von neun Reichen sprechen muss.
So wie das *Reich der Menschen* in der physischen Welt noch drei
Reiche unter sich hat (*Tierreich, Pflanzenreich* und *Mineralreich*)
hat es im Geistigen neun Reiche über sich.

Das unterste dieser geistigen Reiche ist das der ›eigentlichen‹
ENGEL oder ANGELOI. Das Engelreich steht genau so um eine
Stufe über dem Menschenreich wie dieses um eine Stufe über dem
Tierreich steht. Darüber stehen die ERZENGEL oder ARCHAN-
GELOI, dann die URBEGINNE oder ARCHAI, die von Luther als
FÜRSTENTÜMER bezeichnet wurden. Das Reich der Archai steht
somit um drei Stufen über dem Reich der Menschen, genau wie das
wiederum um drei Stufen über dem Mineralreich steht. Diese drei
Reiche ergeben die DRITTE HIERARCHIE. Diese ist die unterste
Hierarchie.

Die ZWEITE HIERARCHIE beginnt von unten mit den EXUSIAI
(gemäß Luther GEWALTEN oder OBRIGKEITEN). Es folgen die
DYNAMIS, die Luther mit MÄCHTE oder TUGENDEN übersetzte.
Auf der höchsten Stufe der zweiten Hierarchie stehen die KYRIO-
TETES (gemäß Luther HERRSCHAFTEN).

Die höchste Engelhierarchie, die ERSTE HIERARCHIE, beginnt
auf der untersten Stufe mit den THRONEN. Dann kommen die
CHERUBIM und schließlich noch die SERAPHIM.

****

Wie in Kapitel 1 erwähnt ist ja auch der Mensch vermöge seines
Ichs ein *geistiges* Wesen. Dennoch wird keiner bestreiten, dass
schon die ›eigentlichen‹ Engel, die Angeloi, ein viel umfassenderes
Bewusstsein haben, als es einem Menschen zu eigen ist, und eine
für menschliche Maßstäbe unfassbare Weisheit und Macht aufweisen. Je höher das Reich ist, dem ein Wesen angehört, desto weiser
und mächtiger ist es.

Wir können uns also die Frage vorlegen: »Woher rührt das?«

Im konfessionellen Christentum hat man die Vorstellung, dass alle Wesen – somit auch die Menschen und die geistigen Wesen der höheren Hierarchien – von Gott geschaffen wurden und dass diese dann von Anfang an die gleichen Fähigkeiten aufwiesen, die sie heute haben und bis in alle Ewigkeit haben werden. Man glaubt also beispielsweise, dass ein Engel schon als Engel, ein Erzengel schon als Erzengel, usw. erschaffen worden sei.

Das ist aber ein gewaltiger Irrtum! Diese Ansicht ist ebenso absurd, wie wenn man glauben würde, dass nicht alle Menschen als Säuglinge, sondern manche schon als Kinder, Jugendliche oder gar Erwachsene zur Welt kommen könnten. Die These verleugnet eine ganz wesentliche geistige Gesetzmäßigkeit, die besagt: Alle Welten und Wesen befinden sich in einem *permanenten Entwicklungsprozess*. Das ist es, worum es im gesamten Kosmos geht! Diese Entwicklung im Weltensein hatte zwar einen Anfang, sie wird aber niemals aufhören! Sie schreitet immer weiter fort. Es gibt keinen Stillstand!

In Kapitel 4 haben wir schon einen kurzen Blick auf diesen unermesslich langen Entwicklungsprozess geworfen, den insbesondere auch wir Menschen beginnend auf dem alten Saturn, dann auf der alten Sonne, auf dem alten Mond und schließlich in der Erdenzeit durchgemacht haben und in der Zukunft noch durchmachen werden.

Das gilt in gleichem Maße für die geistigen Wesen der höheren Hierarchien. Diese Wesen haben heute ein viel umfassenderes Bewusstsein sowie eine größere Weisheit und Machtfülle als der Mensch, weil sie in ihrer Entwicklung dem Menschen schon weit vorangeeilt sind. Auch sie standen einmal auf einer Stufe ihrer Entwicklung, die man mit der *vergleichen*, nicht *gleichsetzen* kann, auf welcher der Mensch heute steht. Sie waren allerdings niemals – weder auf der Erde noch auf einem ihrer Vorläufer oder einem anderen Planeten – in einem *physischen Leib* verkörpert.

Je höher das Reich ist, dem ein Engelwesen angehört, desto mächtiger, erhabener und weiser ist es. Auch das Bewusstsein, das diese Wesen haben, ist von Reich zu Reich immer höher und umfassender. Das liegt daran, dass sie mit ihrer Entwicklung schon in früheren Inkarnationen der Erde begonnen haben. Betrachten wir das am Beispiel der Erzengel. Diese waren bereits auf dem Vorgängerplaneten des alten Mondes, also auf der alten Sonne, auf der Menschheitsstufe, das heißt sie haben dort ihr Ich erhalten. Auf dem alten Mond standen sie auf der Stufe, auf der die Engel heute sind. Auf der Jupitererde werden sie bereits auf der Stufe der Urbeginne bzw. Archai sein. Die Erzengel haben heute schon die ersten beiden geistigen Wesensglieder, das Geistselbst und den Lebensgeist, ausgebildet, die beim Menschen erst keimartig veranlagt sind und die er erst auf dem neuen Jupiter bzw. der neuen Venus haben wird.

Jedes dieser Engelreiche hat seine ganz konkreten Aufgaben im Rahmen der göttlichen Weltenordnung sowie seine ganz besonderen Fähigkeiten. Alle diese Wesen waren und sind auch stark an dem Entwicklungsprozess der Erde und der Menschheit beteiligt.

Alle diese erhabenen geistigen Wesen der höheren Hierarchien, alle diese Himmelswesen könnte man durchaus auch als *Götter* bezeichnen, um zum Ausdruck zu bringen, dass sie hoch über dem Menschen stehen, dass sie eine viel größere Macht und viel größere Fähigkeiten aufweisen als der Mensch sie *heute* hat. Sie verfügen nicht in dem Maße über einen freien Willen, wie das beim Menschen der Fall ist, aber sehr wohl über ein Selbstbewusstsein. Diese Wesenheiten haben im Übrigen keine Kenntnis von dem, was wir »Tod« nennen. Sie kennen nur verschiedene Bewusstseinszustände. Der Christus ist das einzige göttlich-geistige Wesen, das jemals einen fleischlichen Leib angenommen hat und durch den menschlichen Tod gegangen ist.

Die Idee des Weltenplanes (☛ Kapitel 4), wie sich unser planetarisches System durch unermesslich lange Zeiträume hindurch bereits entwickelt hat und weiterhin entwickeln soll sowie die damit verbundenen Ziele, entspringen natürlich der GÖTTLICHEN TRINITÄT, der Heiligen Dreieinigkeit. Dann kommt die Mission der Seraphim, also der geistigen Wesen der höchsten Stufe, welche die Ideen und Pläne von der Trinität entgegennehmen. Die Cherubim haben die Aufgabe, in höchster Weisheit die Ziele, Ideen und Pläne, die sie von den Seraphim empfangen, zu durchdenken und auszugestalten. »**Und die Throne hinwiederum, der dritte Grad der Hierarchie von oben, der hat die Aufgabe, nunmehr, natürlich sehr bildlich gesprochen, Hand anzulegen, damit das, was in Weisheit ausgedacht ist, damit diese hehren Weltengedanken, die die Seraphim von den Göttern empfangen, die die Cherubim durchgedacht haben, in Wirklichkeit umgesetzt werden.**«[5]

Selbstverständlich werden dann auch noch die geistigen Wesen der zweiten und dritten Hierarchie mit ganz konkreten Arbeiten beauftragt.

5.2.1 Engel

Das unterste Reich der dritten Hierarchie ist das der ›eigentlichen‹ ENGEL. Ihr Reich steht unmittelbar über dem Menschenreich, so wie das Reich der Menschen unmittelbar über dem Tierreich steht. Das griechische Wort für Engel ist ANGELOI (Singular: ANGELOS). Sie werden auch als SCHUTZGEISTER, SÖHNE DES LEBENS oder GÖTTERBOTEN bezeichnet. Ihr hauptsächlicher Wirkungskreis reicht bis zur Mondensphäre. So wie der Mensch im Grunde noch an der Ausbildung bzw. Ausreifung seines Ichs arbeitet, sind die Engel schon dabei, ihr Geistselbst zur Reife zu bringen. Erst auf dem neuen Jupiter wird der Mensch auf der Stufe sein, auf der die Engel schon heute stehen.

Wie wir in Kapitel 7 noch sehen werden, ist jeder menschlichen Individualität ein Wesen aus diesem Reich als *persönlicher* Engel zugeordnet. Dieser führt und leitet den ihm zugeordneten Menschen durch alle seine Inkarnationen. In der christlichen Esoterik spricht man hier vom SCHUTZENGEL.

Mit den Engeln, die in einer ganz besonders engen Verbindung zum Menschen stehen, werden wir uns in den beiden nächsten Kapiteln sehr *ausführlich* befassen.

Im Folgenden wollen wir aber zunächst einen Blick auf die Wesen der übrigen acht Reiche werfen. Diese Schilderungen sind in kurzer und mehr aphoristischer Form gehalten.

5.2.2 Erzengel

Die ERZENGEL bilden das mittlere Reich innerhalb der dritten Hierarchie. Dieses steht zwei Stufen über dem Menschenreich, so wie das Reich der Menschen um zwei Stufen über dem Pflanzenreich steht. Im Griechischen werden sie als ARCHANGELOI (Singular: ARCHANGELOS) bezeichnet. Sie werden auch ENGEL DES ANFANGS oder FEUERGEISTER genannt. Ihr Herrschaftsgebiet reicht bis zur Merkursphäre. Die Erzengel standen bereits auf der alten Sonne auf der Menschheitsstufe. Damals haben sie ihr Ich erworben. Heute haben sie bereits ihr voll entwickeltes Geistselbst. Auch ihr Lebensgeist ist schon weitgehend ausgebildet. Daher haben sie ein Bewusstsein, das um zwei Grade höher ist als dasjenige, das der Gegenwartsmensch hat.

Genau wie alle anderen geistigen Wesen der höheren Hierarchien haben auch die Erzengel eine wichtige Aufgabe im Weltensein. Während die Engel einzelne menschliche Individuen führen und leiten, leiten die Erzengel ganze Völker. »Auch diese Wesenheiten haben eine wesentliche Mission, und Sie können schon begreifen, da sie ein um zwei Stufen höheres Bewußtsein haben als der Mensch, daß diese Mission eine sehr hohe sein kann. Denn so hoch ist dieses Bewußtsein der Erzengel, daß sie die Buddhi, den Lebensgeist, vollständig ausgebildet haben, und daher lenkend und leitend sein können in der Erdenevolution aus einer solchen Einsicht heraus, die dem Lebensgeist, der Buddhi, entspricht. Das äußert sich nun darin, daß diese Erzengel zunächst die Lenker und Leiter sind ganzer Volksstämme. Was man Volksgeist nennt, was also der gemeinsame Geist der Völker ist, das ist im Konkreten irgendeiner der Erzengel.«[6] Somit kann man die Erzengel auch als VOLKSGEISTER bezeichnen. Mit diesem Begriff wird ihre wichtigste Aufgabe charakterisiert.

Heute nimmt man diesen Begriff nicht mehr ernst. Die meisten Zeitgenossen werden sich darunter alles Mögliche vorstellen, aber gewiss kein konkretes, höchst reales geistiges Wesen. Das war in früheren Zeiten bei den alten Völkern noch ganz anders. Sie schauten nicht gleich zu der höchsten göttlichen Wesenheit auf, sondern zu dem Erzengel, der ihr Volk führte. **»Auf irgendeinem Territorium, meinetwillen in Deutschland oder Frankreich oder Italien, leben so und so viele Menschen, und weil die sinnlichen Augen nur so und so viele Menschen als äußere Gestalten sehen, so können sich solche Abstraktlinge das, was man Volksgeist oder Volksseele nennt, nur wie eine bloß begriffliche Zusammenfassung des Volkes vorstellen. Wirklich real ist für sie nur der einzelne Mensch, nicht die Volksseele, nicht der Volksgeist. Für denjenigen, der in das wirkliche Getriebe des spirituellen Lebens hineinschaut, für den ist das, was wir Volksseele oder Volksgeist nennen, eine Realität. Es lebt und webt in einer Volksseele dasjenige, was wir nennen einen Feuergeist oder einen Erzengel. Er regelt also sozusagen das Verhältnis des einzelnen Menschen zu der Gesamtheit eines Volkes oder einer Rasse.«**[7]

Im Rahmen ihrer Mission als Lenker und Leiter einzelner Völker, inspirieren die Erzengel die jeweiligen Sprachen. Sie wirken also auch als SPRACHGEISTER. Man ist ja immer geneigt zu glauben, dass Sprachen bzw. Worte einer Sprache in früheren Zeiten recht willkürlich oder zufällig entstanden seien, so wie das in unserer Zeit der Fall ist. Heute kann sich jeder ein künstliches abstraktes Wort ausdenken, mit dem er irgendetwas benennen möchte. Ein solcher Begriff muss mit der Wirklichkeit nicht das Geringste zu tun haben. Er kann sogar völlig sinnbefreit sein. Wenn dieses Wort sich dann weit genug verbreitet und von vielen verwendet wird, wird es sich eines Tages im Duden wiederfinden.

Das war noch bis vor einigen Jahrhunderten ganz anders. Da wurden die Eingeweihten von dem Erzengel, der als Volksgeist und

Sprachgenius das betreffende Volk führte, inspiriert, so dass sie schließlich die Worte und die Sprache schaffen konnten. Auch das Wort »Ich« der deutschen Sprache ist weder durch eine Willkür noch durch einen Zufall aufgekommen. Dass dieses Wort die Initialen des Christus-Jesus darstellt, wurde im 4. Jahrhundert ganz gezielt durch den Bischof *Wulfila* bzw. *Ulfilas*, welcher der erste christliche Eingeweihte Europas war, hineingelegt.[8] Dass es mit diesem Wort etwas ganz Besonderes auf sich hat, haben wir bereits erläutert. Das Wort »ICH« der deutschen Sprache stellt in monumentalen Lettern die Initialen des Gottessohnes dar: *I*esus *CH*ristus. Immer wenn wir »ich« sagen, sprechen wir die Anfangsbuchstaben des großen »ICH-BIN« aus.

Es gibt im Übrigen sieben *führende* Erzengel, die auch namentlich bekannt sind: ORIPHIEL, ANAEL, ZACHARIEL, RAPHAEL, SAMAEL, GABRIEL und MICHAEL. Insbesondere Gabriel dürfte jedem Christen bekannt sein, da er derjenige war, der Maria die Geburt Jesu verkündete, wie uns der Evangelist Lukas schildert.[9] Diese sieben Erzengel sind ganz bestimmten Planetensphären zuzuordnen und leiten als ZEITGEISTER kleinere, *etwa* 350 Jahre währende Zeitabschnitte in den menschlichen Kulturepochen. Dabei wechseln sie sich in ihrer Regentschaft ab (☞ Anhang, Tabelle 5, S. 173). Wir leben heute seit 1879 in einem MICHAEL-Zeitalter, das noch bis ins Jahr 2300 währen wird.

5.2.3 Archai

Die ARCHAI (Singular: ARCHÉ) bilden das höchste Reich innerhalb der dritten Hierarchie. Dieses steht drei Stufen über dem Menschenreich, so wie das Reich der Menschen um drei Stufen über dem Mineralreich steht. Sie werden auch als URBEGINNE, URKRÄFTE, URENGEL oder GEISTER DER PERSÖNLICHKEIT bezeichnet. Martin Luther nannte sie FÜRSTENTÜMER. Ihr Wirkungskreis reicht bis zur Venussphäre. Da sie bereits auf dem alten

Saturn auf der Menschheitsstufe standen, ist ihr Bewusstsein um drei Grade höher als das eines heutigen Menschen.

Die Archai offenbaren sich beispielsweise in Feuerflammen oder in den Blitzen.

Während die sieben führenden Erzengel kleinere, etwa 350 Jahre dauernde Zeitepochen leiten, leiten die Archai viel längere Abschnitte, die sich über ganze Kulturepochen und somit über einen platonischen Weltenmonat (2.160 Jahre) erstrecken. Die Zeit ist gewissermaßen das Lebenselement der Archai, die daher auch als ZEITGEISTER bezeichnet werden. Als solche leiten und lenken sie die menschliche Entwicklung, indem sie die geistige Führung der einzelnen Kulturepochen übernehmen. Dabei regeln sie auch das Verhältnis der verschiedenen Völker und ihrer Volksgeister zueinander. So wie es die Aufgabe der Erzengel ist, als Volksgeister zu wirken, ist es die Mission der Archai als Zeitgeister zu wirken. »Diese Zeitgeister, sie umfassen etwas, was über das einzelne Volk, über die einzelne Rasse hinausgeht. Der Geist einer Epoche ist nicht beschränkt auf dieses oder jenes Volk, er geht hinüber über die Grenze der Völker. Das nun, was man in Wirklichkeit Zeitgeist, Geist einer Epoche nennt, das ist der Geistleib der Archai, der Urbeginne oder Geister der Persönlichkeit. Diesen Geistern der Persönlichkeit ist es zum Beispiel zuzuschreiben, daß für gewisse Epochen ganz bestimmte menschliche Persönlichkeiten auf unserem Erdenrund auftreten. Nicht wahr, Sie begreifen ja, daß die irdischen Aufgaben zunächst gelöst werden müssen durch irdische Persönlichkeiten. In einer ganz bestimmten Epoche mußte diese oder jene epochemachende Persönlichkeit auftreten. Aber es würde ein sonderbares Durcheinander in der ganzen Erdenentwickelung eintreten, wenn das alles dem Zufall überlassen wäre, wenn in irgendeine Epoche Luther meinetwegen oder Karl der Große hineingestellt würden. Das muß im Zusammenhang gedacht werden erst mit der ganzen Entwickelung der Menschheit über die Erde hin; es muß sozusagen aus dem Sinn der ganzen Erdenentwickelung in einer bestimmten Epoche die richtige Seele auftreten. Das regeln die Geister der Persönlichkeit, das regeln die Archai oder Urbeginne.«[10]

5.2.4 Exusiai

Kommen wir nun zur zweiten Hierarchie. Die EXUSIAI stehen auf der untersten Stufe dieser Hierarchie. Es sind die GEISTER DER FORM, die Rudolf Steiner auch OFFENBARER nannte. In der Bibelübersetzung Luthers heißen sie GEWALTEN oder OBRIGKEITEN. Ihr Herrschaftsgebiet ist die Sonnensphäre.

Die Exusiai werden nicht von ungefähr »Geister der Form« genannt. Sie sind die Schöpfer und Erhalter aller festgefügten physischen Formen. In den Planeten haben sie ihren Leib.

Die Exusiai sind die eigentlichen Regenten des menschlichen Erdendaseins. »Aber übergreifend über alles das, was durch den Zeitgeist bewirkt wird, ist etwas, was durch die ganze Erdenmenschheit hindurchgeht. Als der Mensch auf der Erde seine menschliche Erdenmission begann, haben geistige Wesenheiten in diese Erdenmenschheit eingegriffen, und ihnen verdanken wir es, daß wir als Erdenmenschheit tätig sein können. Und was auch als Geister der Persönlichkeit im Zeitgeiste, als Erzengel in den einzelnen Gemeinschaften oder als Engel in bezug auf die einzelnen Menschen aufgetreten ist: jene Geister, die wir die Geister der Form genannt haben, dirigieren seit dem Beginn der Erdenmission gleichsam in einem höheren Reiche, und lenken und leiten im Großen alles, was diese geistigen Wesenheiten tun. Diese Gewalten, sie hatten die Aufgabe, in der Erdenmission als Ganzes zu wirken, sie hatten eine planetarische Aufgabe. Wir sehen also: wenn wir über den Zeitgeist hinausschreiten zu dem Geiste der ganzen Menschheit, dann haben wir diese Gewalten, diese Geister der Form.«[11]

Den Exusiai, die schon in ur-urferner Vergangenheit, die noch vor dem alten Saturn lag, auf einer Stufe standen, die man mit der *vergleichen* kann, auf der der Mensch heute steht, ist auch zu danken, dass der Mensch sprechen, denken und aufrecht gehen kann.

5.2.4.1 Die biblische Schöpfungsgeschichte

Werfen wir einen kurzen Blick auf die biblische Schöpfungsgeschichte. Woher kommt es eigentlich, dass im konfessionellen

Christentum und auch in den übrigen großen Religionen immer noch gelehrt wird, *Gott*, also der höchste Gott, der Vatergott, habe die Welt einschließlich der Erdenmenschheit erschaffen?

Der Grund dafür ist, dass es in der Schöpfungsgeschichte, der Genesis, dem ersten Buch Mose gleich zu Beginn heißt: *»Am Anfang schuf Gott Himmel und Erde.«*[12] Auch in den folgenden Versen ist immer wieder von »Gott« die Rede. Weiter heißt es: *»Und Gott sprach: Lasset uns Menschen machen, ein Bild, das uns gleich sei.«*[13] Schon die Tatsache, dass hier jeweils die Pluralform *»Lasset uns«* bzw. »das *uns* gleich sei« gewählt wurde, kann stutzig machen. Im Hebräischen Original steht an der Stelle, die Luther recht unglücklich mit »Gott« übersetzt hat, »Elohim«. Das ist die Pluralform von »Eloah«. Bei den ELOHIM hat man es also mit *mehreren* Göttern zu tun. Die meisten Bibelübersetzer haben das später von Luther mehr oder weniger unkritisch übernommen und »Elohim« auch mit »Gott« übersetzt. Erst durch seine Geistesschau in der Akasha-Chronik konnte Rudolf Steiner für Klarheit sorgen. Selbstverständlich hatte auch Moses das, was er in der Schöpfungsgeschichte erzählt hat, aus dem großen Weltengedächtnis geschöpft. Allerdings hat er es in eine solche bildhafte Beschreibung gesetzt, die für einen modernen Menschen nicht mehr verständlich sein kann.

Die Elohim sind keine anderen Geistwesen als die EXUSIAI oder GEISTER DER FORM. Diese Exusiai, die in der Genesis als Elohim bezeichnet werden, sind die *eigentlichen* Schöpfermächte. Ihr Anführer war der Christus.

Selbstverständlich erstreckte sich das Schöpfungswerk nicht über sechs Tage im heutigen Sinne des Wortes, wie man es der Genesis entnehmen könnte und wie es in früheren Jahrhunderten geglaubt wurde. Selbst heute gibt es im Christentum, Judentum und Islam noch einige Fundamentalisten, die von einem Sechstagewerk ausgehen.

Die Schilderungen, wie alles in sechs Tagen geschaffen wurde, kann heute selbst einem Kind nicht mehr als Tatsachenbericht im *wörtlichen Sinne* gelten. Das, was dort berichtet wird, widerspricht in vielen Punkten zu offensichtlich dem, was heute ein gescheiter Mensch über die Weltenverhältnisse weiß. Es wird dort beispielsweise geschildert, Gott habe am ersten *Tag* das Licht von der Finsternis geschieden. Genauso präzise wird geschildert, was Gott an den folgenden fünf *Tagen* schuf. Was ist denn ein »Tag«, wie kann man diesen Begriff definieren? Nun, ein Tag ist der 24-stündige Zeitraum, den die Erde benötigt, um sich einmal um sich selbst zu drehen. Je nachdem wie die Erde dann zur Sonne steht, ist es in einigen Gebieten der Erde hell, in anderen dunkel. Der helle Tag beginnt mit dem Aufgang und endet mit dem Untergang der Sonne. Der Begriff »Tag« kann ohne den Begriff »Sonne« nicht erklärt werden. Laut Schöpfungsgeschichte schuf Gott die Sonne und die übrigen Himmelskörper aber erst am vierten Tag! Wie kann also an den ersten drei Tagen mit der Bezeichnung »Tag« das gemeint sein, was wir heute mit diesem Wort verbinden? Heute weiß jedes Kind, dass sich der gesamte Schöpfungsprozess, den die Genesis schildert, über einen extrem langen Zeitraum erstreckte.

Nun soll noch kurz angerissen werden, wie es eigentlich dazu kommen konnte, dass die Menschen in früheren Zeiten – und vereinzelt auch noch heute – die Auffassung vertraten, mit dem Begriff »Tag« in der Genesis sei der 24-stündige Zeitraum gemeint, den wir heute damit verbinden. Was sind also die Gründe für diese Fehlinterpretation? Nun, das entscheidende hebräische Wort in der Genesis, in der Schöpfungsgeschichte Mose, ist der Begriff »Jom« (Plural »Jamim«). Dieses Wort wird bis heute üblicherweise mit »Tag« übersetzt und in diesem Sinne verwendet. Den alten Hebräern wäre aber gar nicht in den Sinn gekommen, mit diesem Begriff einen Tag im heutigen Sinne zu verbinden. Mit Jom – die Gnostiker nannten es *Äon* – ist kein Zeitraum im *abstrakten* Sinne gemeint; es ist vielmehr etwas Wesenhaftes, etwas lebendig Wesenhaftes.

Seit der heute üblichen Zeitrechnung, also seit der Geburt Jesu, ist es ja so, dass man Zeiträume benennt, indem man Jahreszahlen angibt, z. B.: 350 v. Chr. bis 730 n. Chr. Das war davor ganz anders. In der vorchristlichen Zeit hat man Zeitspannen nach der Regentschaft eines Herrschers, eines Pharaos, Königs oder Kaisers, bemessen. Zeitangaben hatten also etwas Wesenhaftes, sie orientierten sich an einem konkreten menschlichen Wesen. Auch in der Bibel finden Sie solche Angaben, etwa: *»In der Zeit, als Herodes König von Judäa war«*.[14]

Die Bezeichnung »Jom« kann als Name für eine ganz konkrete geistige Wesenheit, für eine Gottheit aufgefasst werden. Gemeint sind die geistigen Wesenheiten, die in der Hierarchie um eine Stufe unter den Elohim stehen, also die Archai, die auch ZEITGEISTER genannt werden. Dieser Jamim, also dieser Zeitgeister bedienten sich die Elohim als untergeordnete Geister zur Erfüllung ganz bestimmter Aufgaben. Das, was gemäß Genesis am ersten ›Tag‹ geschaffen wurde, wurde wesentlich vom ersten Jom, also vom ersten Zeitgeist nach Maßgabe dessen, was die Elohim vom höheren Gesichtspunkt aus anordneten, ausgeführt. Am ersten ›Tag‹ – besser gesagt im ersten Zeitraum – hatte der erste Jom die Regentschaft. Da auch die Jamim für ihre Tätigkeit viele Geistwesen aus den unteren Reichen benötigten, denen sie ihre Aufträge erteilten, kann man sie durchaus als *Regenten* bezeichnen, wenngleich sie selbst von den Elohim geleitet wurden.

Entsprechend wurden für die nächsten fünf Zeiträume weitere dienende Zeitgeister von den Elohim beauftragt. Die sechs Jamim wechselten sich also in ihrer Regentschaft ab. Selbstverständlich bedurfte es für all dasjenige, was die einzelnen Jamim zu leisten hatten und was uns in der Schöpfungsgeschichte in groben Zügen erzählt wird, extrem langer Zeiträume. Die Regentschaften der Zeitgeister währten also sehr lange. Man könnte hier vielleicht von ›*Welten*tagen‹ sprechen.

5.2.5 Dynamis

Auf der mittleren Stufe der zweiten Hierarchie stehen die DYNAMIS, die GEISTER DER BEWEGUNG, die von Rudolf Steiner auch als WELTENKRÄFTE bezeichnet wurden. Martin Luther verwandte die Namen MÄCHTE oder TUGENDEN.

Die Verbindung der Dynamis sowie der geistigen Wesen der vier noch höheren Reiche (Kyriotetes, Throne, Cherubim und Seraphim) zu einem *verkörperten* Menschen ist keine so unmittelbare wie das bei denen der vier unteren Stufen (Engel, Erzengel, Archai und Exusiai) der Fall ist. Sie hatten und haben aber eine extrem große Bedeutung, wenn man an die gesamte Weltenentwicklung und das Leben, das ein Mensch in der Zeit zwischen Tod und neuer Geburt führt, denkt.

Die Dynamis walten innerhalb unserer Erde im Element des Luftförmigen. Ihr Wirkungskreis ist die Marssphäre. Sie sind die führenden Marswesen. Wahrgenommen werden können sie nur von Menschen, die schon die Pforte des Todes durchschritten haben. Einem lebenden nicht hellsichtigen Menschen offenbart sich lediglich ihre Außenseite. **»So wie nun makrokosmisch die Exusiai, die Geister der Form, in den Planeten ihren Leib haben, der gewissermaßen die äußere sichtbare Seite uns zuwendet für das gewöhnliche Bewußtsein, so haben die Geister der Bewegung – sonderbarerweise, aber es ist so – ihre Außenseite in den Fixsternen. Ihre Innenseite sieht nur der Tote zwischen dem Tod und einer neuen Geburt; das ist die geistige Seite, von der andern Seite gesehen.«**[15]

Die Dynamis waren die eigentlichen Herren der Entwicklung des alten Mondes, der durch die Wesen der dritten Hierarchie hervorgebracht wurde.

5.2.6 Kyriotetes

Die höchste Stufe der zweiten Hierarchie wird von dem Reich der KYRIOTETES, der GEISTER DER WEISHEIT, die Rudolf Steiner auch WELTENLENKER nannte, gebildet. In der Übersetzung Luthers sind dies die HERRSCHAFTEN. Ihr Wirkungskreis ist die Jupitersphäre. Die Kyriotetes walten innerhalb unserer Erde im Element des Wässrigen.

Ihre Offenbarung sind die Fixsterne. Die menschlichen Gedanken sind ein Bild für die Substanz der Geister der Weisheit. **»Wenn wir den Blick hinausrichten auf einen Fixstern, so ist das, was da drin-**

nen ist im Fixstern, eigentlich Inhaltssubstanz der Geister der Weisheit. Das ist der wahre Inhalt des Fixsterns. Ja, der Mensch kann sich eigentlich zunächst von dem, was diese Substanz der Geister der Weisheit ist, nur dann eine Vorstellung bilden, wenn er das nimmt, was in ihm selber wenigstens als Bild dieser Substanz vorhanden ist. Was ist in uns selber, im Menschen, in der menschlichen Seele ein Bild der Substanz der Geister der Weisheit? Unsere Gedanken. Aber unsere Gedanken sehen wir nicht mit physischen Augen. Das ist das Wesentliche, daß auch die Fixsterne, insofern sie der Schauplatz sind der echten Geister der Weisheit, auch nicht zu sehen sind mit physischen Augen.«[16]

Die alte Sonne wurde durch die geistigen Wesen der zweiten Hierarchie hervorgebracht. Die Kyriotetes waren die Herren auf der alten Sonne. Der höchste Regent der Sonnenentwicklung war der CHRISTUS.

5.2.7 Throne

Kommen wir nun zu den Wesen der ersten und höchsten Hierarchie. Dass diese nochmals deutlich erhabener und mächtiger sind als die der beiden anderen Hierarchien liegt auf der Hand.

Die Wesenheiten der ersten Hierarchie haben aufgrund ihrer Entwicklung einen Vorzug vor allen anderen Wesenheiten in der Welt: Sie sind von Anbeginn an in der Lage, die Gottheit in ihrer wahren Gestalt zu sehen. Sie haben also – wie man es im Christentum nennt – den »unmittelbaren Anblick Gottes«. Alle anderen Wesen müssen es erst noch durch ihre Entwicklung dazu bringen, der Gottheit immer näher zu kommen. »So also ist es unendlich wichtig, zu wissen, daß diese Wesenheiten, wenn sie entstehen, Gott anschauen, daß sie, indem sie leben, immerfort Gott anschauen. Was sie nun tun, was sie vollbringen, sie tun es aus ihrer Gottesanschauung heraus, Gott tut es durch sie. Sie könnten gar nicht anders, es wäre ihnen unmöglich, jemals anders zu handeln, als sie es tun, denn die Gottesanschauung ist eine so starke Kraft, hat eine solche Wirkung auf sie, daß sie mit unmittelbarer Sicherheit und unmittelbarem

Impulse dasjenige in Szene setzen, was die Gottheit ihnen aufträgt. So etwas wie Überlegen, wie Urteilen gibt es im Kreise dieser Wesenheiten nicht, es gibt da nur eine Anschauung der Befehle der Gottheit, um den unmittelbaren Impuls zu haben, das, was sie angeschaut haben, auch zu tun. Und dabei sehen sie die Gottheit in ihrer ursprünglichen, wahren Gestalt, so wie diese Gottheit ist. Sie selber aber sehen sich nur wie die Vollstrecker des göttlichen Willens, der göttlichen Weisheit an. So ist es bei der höchsten Hierarchie.«[17]

Diese Möglichkeit haben selbst die Wesen der zweiten Hierarchie nicht mehr. Sie haben den Anblick der Gottheit nicht mehr unmittelbar, sie sehen Gott nicht mehr in seiner wirklichen Gestalt, sondern in seinen Offenbarungen. Es ist für sie ein unmittelbarer Impuls, den Anordnungen der Gottheit zu folgen. Auch für sie wäre es unmöglich, etwas auszuführen, was dem Willen der Gottheit widerspricht.

Auf der untersten Stufe der ersten Hierarchie stehen die THRONE oder GEISTER DES WILLENS. Ihr Herrschaftsgebiet ist die Saturnsphäre. Wie alle geistigen Wesen der höchsten Hierarchie haben sie den »unmittelbaren Anblick« der höchsten Gottheit. Sie handeln nicht aus sich heraus, sondern vollbringen nur das, was dem göttlichen Willen entspricht.

Die niedrigste Substanz, aus der die Throne bestehen, ist Wille, was die Bezeichnung »Geister des Willens« rechtfertigt. »Sie bestehen nicht aus Fleisch und Blut, auch nicht aus Licht oder Luft, sondern sie bestehen aus dem, was wir nur in uns selber wahrnehmen können, wenn wir uns bewußt werden, daß wir einen Willen haben. Sie bestehen in bezug auf ihre niedrigste Substanz nur aus Wille.«[18]

Warum nennt man diese Wesen in der christlichen Esoterik »Throne«? Wir verdanken ihrer Wirkung, dass die Erde einen festen Erdboden hat, auf dem wir stehen und gehen können. Hinter allem, was uns als Festes entgegentritt, wirken und weben die Geister des Willens, die Throne. »Diese Geister des Willens, die wir in der christlichen Esoterik auch die Throne nennen, sie haben uns in der Tat den festen Untergrund gebaut oder, besser gesagt, gedichtet, auf dem wir dahinschreiten. Diejenigen, die als Esoteriker den Erzeugnissen der Geister des Willens innerhalb unseres Erdendaseins Namen gaben, sie nannten diese Geister die Throne, weil sie uns in der Tat die Throne gebaut haben, auf die wir als auf einen festen Untergrund uns immerdar stützen, auf dem alles andere Erdendasein wie auf seinen festen Thronen weiterfußt.«[19]

Wenn man einen heutigen Geologen fragt, woher es rührt, dass unsere Erde eine so verschiedenartig konfigurierte Oberfläche mit Tälern, Mulden, Hügeln, Bergen usw. aufweist, so wird er das auf irgendwelche Kräfte, die in urferner Vergangenheit gewirkt haben, zurückführen. Erdkundelehrer demonstrieren das häufig, indem sie eine Decke über den Pult ausbreiten und diese dann von außen nach innen zusammenschieben. Das ist ein durchaus anschaulicher Vergleich. Allerdings muss man sich fragen, wer der ›überdimensionale Erdkundelehrer‹ in der Urzeit war, der die Erdoberfläche zusammengeschoben hat?

Wie wir schon wissen, gibt es im gesamten Kosmos keine *wesenlosen* Kräfte, nur kraftvolle Wesenheiten. Die so unterschiedlich gestaltete Erdoberfläche basiert auf einem Zusammenwirken der Throne mit den Geistern der Bewegung (Dynamis). »Immerfort begegnet sich die Sphäre der hereinstrahlenden Kräfte mit derjenigen der herausstrahlenden Kräfte, und da, wo sie zusammenkommen, bilden sie sozusagen eine Grenze, und das ist die Oberfläche der Erde. So ist das, was man sieht als Oberfläche, nur eine Täuschung, die das Ergebnis von ein- und ausstrahlenden Kräften ist, welche so wirken, daß sie sich gerade an der betreffenden Oberfläche gegenseitig aufhalten. Was da herausströmt, ist im wesentlichen dasselbe, was wir die Wirkungen der Throne, die Wirkungen der Geister des Willens nennen müssen. Diese Geister strahlen von der Erde nach allen Seiten hin ihre Kräfte aus, und dasjenige, was von dem Weltenraum hereinkommt, das ist im wesentlichen das, was man nennen kann einstrahlende, hereinarbeitende Kräfte von gewissen Geistern der Bewegung. Diese beiden Arten von Kräften begegnen sich also hier, und dieses Zusammenwirken der Throne mit den Geistern der Bewegung – dadurch, daß die Throne in ihrer

Wirkung aufgehalten werden von den Geistern der Bewegung – gibt die verschiedenartig konfigurierte Oberfläche, so daß das, was Sie draußen als Erdoberfläche sehen, das Unwahrhaftigste, die äußerste Täuschung ist. Das, was wirklich da ist, ist ein Ausgleich von Kräften und gleichsam ein Vertrag zwischen den Geistern des Willens und den Geistern der Bewegung, der so geschlossen wird, daß er die Erde in der verschiedensten Weise konfiguriert.«[20]

5.2.8 Cherubim

Die nächste Stufe oder Kategorie der ersten Hierarchie bilden die CHERUBIM oder GEISTER DER HARMONIEN. Ihr Herrschaftsgebiet ist der Tierkreis.

Die Cherubim offenbaren sich im Äußerlich-Sichtbaren in den Gewitterwolken und in vulkanischen Kräften. »Die Cherubim, die kommen schon wiederum zum Vorschein, wenn auch eben sich das gerade auf die Weise dokumentiert, daß sie so tief verborgen sind, daß man ihre Verborgenheit merkt. Die Cherubim erscheinen nicht nur symbolisch, sondern ganz objektiv in dem, was sich in der Gewitterwolke zuträgt, in dem, was sich zuträgt, wenn ein Planet beherrscht wird von vulkanischen Kräften.«[21] Sie wirken auch im Element der Luft. »Luft ist gleichsam eine Illusion, und dahinter stehen die mächtigen Wesenheiten, die wir Cherubim nennen.«[22]

Die Cherubim sind diejenigen geistigen Wesen, die in der Bibel nach den Engeln mit weitem Abstand am häufigsten genannt werden.

5.2.9 Seraphim

Die SERAPHIM oder GEISTER DER LIEBE gehören der höchsten Stufe der ersten Hierarchie an. Ihr Herrschaftsgebiet ist – genau wie das der Cherubim – der Tierkreis.

Es sind also die höchsten und erhabensten geistigen Wesen der höheren Hierarchien. Sie könnten niemals aus sich selbst heraus handeln. Sie sind vielmehr treue Vollstrecker des göttlichen Willens. Von der Trinität empfangen sie die Ziele und Pläne zur Entwicklung eines Planetensystems.

Der alte Saturn war das gemeinsame Werk der geistigen Wesen der ersten Hierarchie.

Es sei noch kurz angemerkt, dass über den Seraphim noch weitere göttliche Wesenheiten stehen, die von einer solchen Erhabenheit sind, dass der menschliche Verstand sie nicht erfassen und begreifen kann. Wenn man diese ›aufsuchen‹ wollte, käme man bereits in den ›über-kosmischen‹ oder ›trans-devachanischen‹ Bereich, in das Gebiet der »göttlichen Trinität« hinein.

****

Die Wesen aller Engelreiche sind für uns Menschen von größter Bedeutung. Sie leisten unendlich viel, was uns zum Segen gereichen und uns in unserer Entwicklung fördern kann. Das gilt auch für die Zeit, die wir zwischen Tod und neuer Geburt in den höheren Welten verbringen.

Wenn nun jemand von »Engeln« spricht, so ist – wie bereits erwähnt – ohne einen entsprechenden Kontext nicht klar, ob er damit *alle* diese Wesen meint, unabhängig davon, zu welcher Hierarchie bzw. zu welchem der neun Reiche sie gehören, oder ob er die Angeloi meint, also diejenigen Wesen, die auf der untersten Stufe, zwischen dem Reich der Menschen und dem der Erzengel, stehen.

Um diesem möglichen Missverständnis vorzubeugen, sei nochmals ausdrücklich gesagt, dass in den *folgenden Kapiteln* dieses Buches der Begriff »Engel« nahezu ausschließlich in der *zweiten Bedeutung* gemeint ist. Alles, was in den folgenden Kapiteln erläutert werden soll, bezieht sich auf die ›eigentlichen‹ Engel, also diejenigen, die dem *neunten Engelreich* angehören und uns Menschen besonders nahe sind.

5.3 Die ›gefallenen‹ Engel

Zum Abschluss dieses Kapitels soll der Vollständigkeit wegen noch in aller Kürze erwähnt werden, dass es auch Engelwesenheiten gibt, die man *nicht* zu den ›guten Engeln‹ bzw. ›guten Göttern‹ der aufgeführten neun Reiche zählen kann. Wie bereits erwähnt befinden sich auch die Wesenheiten der höheren Hierarchien in einem steten Entwicklungsprozess. Auf *jeder* Inkarnationsstufe der Erde haben sie die Aufgabe, sich höher zu entwickeln, so dass sie auf der nächsten Verkörperung der Erde die Reife haben, um in das nächsthöhere Reich aufsteigen zu können.

Nun ist es nicht nur bei uns Menschen so, dass nicht alle das Entwicklungsziel erreichen werden, um auf der Jupitererde auf der Stufe stehen zu können, die mit der vergleichbar ist, auf der die heutigen Engel stehen. Das Gleiche gilt auch für die geistigen Wesen der höheren Hierarchien. In jeder Epoche bleiben Wesen zurück; das heißt sie entwickeln sich nicht in der geplanten, rechtmäßigen Weise und erreichen daher ihr Ziel nicht. Somit gibt es neben den neun Reichen der Wesen, die sich in der rechtmäßigen Weise entwickelt haben, unzählige ›Zwischenreiche‹, zu denen diejenigen Wesen gehören, die mit ihrer Entwicklung in einer bestimmten Epoche nicht fertig geworden sind. Man könnte hier von »zurückgebliebenen« bzw. »unfortschrittlichen Geistern« oder – etwas plakativ – von »*gefallenen Engeln*« sprechen.

Man würde nun ganz fehlgehen, wenn man die Wesen, die auf irgendeiner Stufe zurückgeblieben sind, ganz pauschal als »böse« und diejenigen, welche ihre Entwicklungsziele erreicht haben, als »gute Wesen« bezeichnen würde. »**Wir müssen vielmehr uns vor die Seele rufen, daß alles, was so geschieht – ob die Wesenheiten nun ihr Ziel erreichen, ob sie gewissermaßen sich zurückhalten auf früherer Stufe der Entwickelung –, daß alles das aus der kosmischen Weisheit heraus geschieht und daß es sinnvoll ist, wenn Wesenheiten auf einer gewissen Stufe zurückbleiben; daß es ebenso seine Bedeutung hat für das Ganze, wenn Wesenheiten zurückbleiben, als wenn Wesenheiten ihr Ziel erreichen, mit anderen Worten, daß** gewisse Funktionen überhaupt nicht ausgeführt werden könnten von den vorgeschrittenen Wesenheiten, daß dazu solche Wesen nötig sind, die auf früherer Stufe zurückbleiben. Die sind in ihrer Zurückgebliebenheit eben am richtigen Orte.«[23]

In vielen Fällen verhält es sich so, dass die Wesen, die zurückbleiben, damit ein Opfer bringen, um dann ganz bestimmte Arbeiten im Weltensein vollbringen zu können, welche diejenigen, die sich rechtmäßig entwickelt haben, nicht leisten können. Das, was diese zurückgebliebenen Geister für die Weltenentwicklung, namentlich für die Menschheit, vollbringen können, lässt sich vereinfacht auf folgenden Nenner bringen: Das Ergebnis ihres Schaffens stellt auf der einen Seite etwas sehr Positives dar; auf der anderen Seite birgt es aber auch gewisse Gefahren.

Das soll anhand eines Beispiels erläutert werden. Wenn nicht gewisse Wesenheiten der zweiten Hierarchie in einer bestimmten Epoche zurückgeblieben wären, so würde es heute eine uniforme Menschheit geben. Es gäbe auf der ganzen Erde nur eine Rasse, ein Volk und eine Sprache. So aber konnte es zu einer wunderbaren Vielfalt, einer großen Mannigfaltigkeit kommen: einer Erde auf der Menschen vieler Rassen, etlicher Völker und Sprachen leben. Die Nachteile, die damit verbunden sind, liegen auf der Hand. Dabei sind die Verständigungsprobleme aufgrund der vielen verschiedenen Sprachen und Dialekte gewiss noch vernachlässigbar. Viel gravierender ist, dass sich die Menschen dadurch schwerer tun, sich als *eine* Menschheit aufzufassen, was in den unzähligen Kriegen und den Rassendiskriminierungen seinen Höhepunkt gefunden hat. Wir Menschen sind aufgerufen, diese entsetzlichen Missstände und Verirrungen zu überwinden, um dadurch in unserer eigenen Entwicklung vorwärts zu schreiten.

Es gibt allerdings auch besonders mächtige zurückgebliebene geistige Wesenheiten, deren Wirken auf die Menschheit als sehr gefährlich eingestuft werden muss. In der Bibel und im konfessionellen Christentum werden ihre Repräsentanten »*Teufel*« und »*Satan*« genannt. Im Okkultismus früherer Zeiten und auch in der Geisteswissenschaft werden sie als LUZIFER und AHRIMAN bezeichnet.

Hier sollen nur kurz ihre Bestrebungen, mit denen sie uns Menschen gewaltig schaden und unsere Entwicklung erschweren, in gewisser Weise aber auch fördern können, skizziert werden.

5.3.1 Luzifer

Von LUZIFER ist bereits in der Paradiesesmythe der Schöpfungsgeschichte die Rede.

Als der Mensch sich vor Urzeiten noch im »Paradies« befand, wie es in der Genesis genannt wird, lebte er noch als makelloses, unschuldiges göttlich-geistiges Wesen in einer erdnahen geistigen Sphäre. Er ruhte als ein noch *nicht* selbstbewusstes Wesen gewissermaßen im ›göttlichen Schoße‹, vergleichbar mit einem Kind, das sich im Schoße seiner Mutter geborgen fühlt. Er wäre gar nicht imstande gewesen, gegen die göttlichen Absichten zu handeln. Er war noch nicht mit einem *Selbstbewusstsein* begabt und besaß noch keine *Erkenntniskräfte*. Diese Fähigkeiten und Kräfte waren ihm aber in Aussicht gestellt worden; diese sollte er sich erwerben, sobald es dafür an der Zeit gewesen wäre. Nun trat aber, wie uns in der Bibel berichtet wird, Luzifer, der in der Genesis durch die Schlange repräsentiert wird, an ihn heran. Dieser verführte den Menschen, indem er ihm einsäuselte*: » [...] sondern Gott weiß, daß, welches Tages ihr davon esset, so werden eure Augen aufgetan, und werdet sein wie Gott und wissen, was gut und böse ist.«*[24] Durch die Verheißung, so sein zu können wie Gott, wurden der Hochmut und der Egoismus angefacht und der Mensch wurde in die Begierden und Leidenschaften verstrickt. Der Mensch war zu diesem Zeitpunkt noch nicht reif, die Erkenntniskräfte auszubilden. Das war ihm von den Schöpfermächten erst zu einem viel späteren Zeitpunkt vorbestimmt. Viel zu früh begann er durch die Verführung Luzifers mit diesem Prozess.

In der Genesis heißt es nun, dass der Mensch aus dem Paradies vertrieben wurde. Der Mensch wurde auf die Erde verbannt, wo er sich viel stärker in die Materie verstrickte, als es von den Schöpfermächten beabsichtigt worden war. Sein ursprünglicher physischer Leib, der ein sehr feinstofflicher war, wurde mehr und mehr mit Materie angefüllt, wodurch er immer dichter und verhärteter wurde.

Dennoch war dieser Abstieg auf die materielle Erde notwendig. Die Tatsache, dass der Mensch von nun an seine Erdenlaufbahn beginnen und ab einem bestimmten späteren Zeitpunkt für lange, lange Zeit ohne *unmittelbare* Führung der geistigen Welt zurechtkommen musste, war eine Voraussetzung dafür, dass der Mensch frei werden konnte, die Gesetze seines Handelns zu erkennen und seine Entscheidungen darauf zu gründen. Diese Freiheit, über die nicht einmal die Wesen der höheren Hierarchien in diesem Maße verfügen, ist das höchste Gut des Menschen. Vermöge seiner Freiheit, von der er heute im Grunde erst einen Zipfel ergriffen hat, kann der Mensch jederzeit das tun, von dem er überzeugt ist, dass es im Sinne der geistigen Welt ist und letztlich ihm selbst und der Menschheit im spirituellen Sinne zum Segen gereicht. Diese Freiheit bedeutet auch, dass der Mensch eigene geistige Erkenntnisse gewinnen kann und muss, ohne irgendwelchen Autoritäten folgen zu müssen. Somit ist es *auch* Luzifer zu danken, dass wir freie Wesen werden konnten bzw. in der Zukunft werden können.
Auch heute verwickelt uns Luzifer noch in Irrtümer, Täuschungen und Illusionen. Er möchte uns zu Schwärmern machen. Sein Bestreben ist es, dass wir auf unsere geistig-seelische Entwicklung verzichten und nach dem Tode in der geistigen Welt bleiben. Das wäre auch durchaus möglich; allerdings könnten wir dann niemals unser eigentliches Menschheitsziel erreichen.

5.3.2 Ahriman

Das geistige Wesen, das die andere Seite des Bösen repräsentiert, wurde erstmals von den Eingeweihten der urpersischen Kultur erkannt und »Geist der Finsternis« bzw. AHRIMAN genannt. Dieses

Wesen, das eine für menschliche Maßstäbe unfassbare, eiskalte, sprichwörtlich ›teuflische‹ Intelligenz besitzt, ist ein noch viel mächtigerer und somit ungleich gefährlicherer Widersacher.

Ahriman ist insbesondere der Urheber des Materialismus, mit dem er uns fest an die Erdenwelt ketten will. Er will, dass die Menschen nur an die Materie glauben und alles Geistig-Göttliche für nicht existent halten. Zu den Zielen Ahrimans gehört ein Szenario, von dem wir in der Gegenwart nicht mehr weit entfernt sind: eine seelenlose, vollständig mechanisierte und automatisierte Welt, eine Welt, in der Computer und Roboter die Menschen in ihre Knechtschaft zwingen.

Auch wenn es nicht ganz leicht einzusehen ist, muss doch gesagt werden, dass die beiden Widersacher ihren berechtigten Platz in der göttlichen Weltenordnung haben. Sie bieten uns permanent Hindernisse und Widerstände, durch deren Überwindung wir letztlich reifen und in unserer Entwicklung, wie sie von den guten Göttern beabsichtigt ist, vorwärts kommen können. Von eminenter Bedeutung ist, dass wir die Bestrebungen der Widersacher erkennen, um ihnen entgegensteuern zu können.

In ferner Zukunft wird es die Aufgabe der Menschen sein, Luzifer und Ahriman zu erlösen.

Kapitel 6

Das Wesen
der Engel

*Mache dich mit den Engeln vertraut
und betrachte sie im Geiste,
denn auch wenn man sie nicht sieht,
sind sie doch immer bei dir.*

Franz von Sales

Nachdem wir uns im letzten Kapitel einen Überblick über die drei Hierarchien bzw. neun Reiche der geistigen Wesen der höheren Hierarchien verschafft haben, wollen wir uns von nun an *ausführlich* mit den ›eigentlichen‹ Engeln beschäftigen. Mit dem Begriff »Engel« sind im Folgenden also immer diejenigen Wesenheiten gemeint, die dem untersten Engelreich angehören und die uns Menschen besonders nahe stehen, also die Angeloi oder – wie sie auch genannt werden – Söhne des Lebens, Schutzgeister bzw. Götterboten.

Wir wollen uns in *diesem* Kapitel der schwierigen Frage widmen, wie man sich das *Wesen* eines Engels vorstellen kann.

Es ist bereits alles andere als einfach, wenn man charakterisieren oder beschreiben möchte, was ein *Mensch* ist. Wie in Kapitel 1 deutlich geworden sein dürfte, ist ein Mensch ja nicht ein rein körperliches, geist- und seelenloses Wesen, wie uns das die materialistisch tingierten Wissenschaften weismachen wollen. Somit liegt es auf der Hand, dass es sehr schwierig ist, einen *Engel*, der ein viel höheres Wesen als ein Mensch ist, verständlich zu charakterisieren. Wir wollen uns im Wesentlichen die Fragen vorlegen, welche Wesensglieder er hat und wie sein Bewusstsein und seine Wahrnehmung geartet sind.

6.1 Was kann man Engeldarstellungen entnehmen?

Wir wollen erst einmal einen Blick darauf werfen, inwieweit man aus den zahllosen Engeldarstellungen, die im Laufe der Jahrhunderte von Künstlerhand geschaffen wurden, etwas über das Wesen der Engel in Erfahrung bringen kann. Insbesondere in früheren Zeiten hat es einige Maler gegeben, die zumindest bis zu einem gewissen Grad hellsichtig waren und somit ihr Werk aus ihrer Geistesschau geschaffen haben.

Sie werden nur wenige Gemälde oder Statuen finden, auf denen die Engel *nicht* mit Flügeln gemalt bzw. modelliert worden sind. Gewiss wird niemand annehmen, dass Engel wirklich Flügel im *üblichen* Sinne haben. Dennoch ist das ein sehr schönes Bild, mit dem der Künstler zum Ausdruck bringen wollte, dass Engel der Erdenschwere ledig sind und dass ihr Wirkungskreis nicht nur auf die Erdenwelt beschränkt ist, sondern dass dieser sich über einen sehr großen Teil des Kosmos erstreckt, dass sie ihren Aktionsschwerpunkt und ihr Bewusstseinszentrum in Blitzesschnelle von einem Punkt des Kosmos zu einem anderen lenken können. Nach menschlicher Auffassung ist das nur möglich, wenn man ›fliegen‹ kann. Und dazu braucht man – so glauben die Menschen – Flügel.

Auf einigen Bildern sind die Engel mit mehreren Augenpaaren ausgestattet, die sich insbesondere auf den Flügeln befinden. Dieses Stilmittel hat der Maler vermutlich gewählt, um zu symbolisieren, dass Engel viel mehr wahrnehmen können – insbesondere solches, was sich den Blicken eines Menschen verschließt.

Auch sind die Gesten der künstlerisch in Szene gesetzten Engel durchaus aufschlussreich. Häufig halten sie eine Feder in der Hand, wie wenn sie etwas aufschreiben wollten. Manchmal halten sie ihre Hand zum Wink gestaltet, wie wenn sie den Menschen auf etwas hinweisen oder zu etwas hinführen wollten. Auf vielen Gemälden hält ein Engel schützend einen seiner Flügel über ein Kind.

Vielleicht haben Sie schon einmal ein Gemälde gesehen, das einen Engel mit mehreren Flügelpaaren zeigt. Damit wollte der Künstler zum Ausdruck bringen, dass es sich um einen Engel der höchsten Hierarchie handelt. Ein Cherub wird meistens mit vier, ein Seraph mit sechs Flügeln dargestellt. Das wird auch in der Bibel im Buch Jesaja bezeugt, wo es heißt: »*Seraphim standen über ihm; ein jeder hatte sechs Flügel. Mit zweien deckten sie ihr Antlitz, mit zweien deckten sie ihre Füße und mit zweien flogen sie.*«[1]

6.2 Was kann man den kirchlichen Lehren über das Wesen der Engel entnehmen?

Wir wollen einmal studieren, was die großen christlichen Kirchen, deren Lehren vorwiegend darauf basieren, wie die Kirchenväter der ersten nachchristlichen Jahrhunderte die Urtexte, aus denen dann die Heilige Schrift entstanden ist, übersetzt und ausgelegt haben, über das Wesen der Engel zu sagen haben. Fragen wir uns, was die mit 1,3 Milliarden Mitgliedern weltweit größte christliche Kirche über Engel lehrt. Der Glaube an Engel ist in der katholischen Kirche tief verankert. In der Liturgie vereint sie sich mit den Engeln und bittet in einigen Gebeten bzw. Texten um deren Beistand.[2] Wie Sie vielleicht wissen, hat die katholische Kirche ihr Lehrgut in einem über 800-seitigen Buch zusammengefasst, dem *»Katechismus der katholischen Kirche«*. Erstaunlicherweise werden Sie in diesem opulenten Werk verhältnismäßig wenig finden, was das Wesen und die Aufgaben der Engel beleuchten könnte. In vielen Fällen sind es Bibelzitate oder Aussagen, die nicht viel zu einem wirklichen Verständnis beitragen können. So heißt es im Katechismus als Antwort auf die Frage »Wer die Engel sind« zunächst: *»Der heilige Augustinus sagt: ›Engel bezeichnet das Amt, nicht die Natur. Fragst du nach der Natur, so ist er ein Geist; fragst du nach dem Amt, so ist er ein Engel; seinem Wesen nach ist er ein Geist, seinem Handeln nach ein Engel‹ (Psal. 103, 1, 15)«*[3]

Diese Antwort bzw. Erklärung ist genauso nützlich, wie wenn jemand auf die Frage, wer oder was ein Arzt sei, antworten würde: Arzt bezeichnet das Amt, nicht die Natur. Fragst du nach der Natur, so ist er ein Mensch; fragst du nach dem Amt, so ist er ein Arzt; seinem Wesen nach ist er ein Mensch, seinem Handeln nach ein Arzt. Natürlich ist ein Engel genauso ein Geist – oder besser gesagt – ein *geistiges Wesen* bzw. ein *Geistwesen* wie ein Arzt ein Mensch oder ein menschliches Wesen ist. Dagegen ist nichts einzuwenden, wenngleich es zum Verständnis dessen, was ein Engel bzw. ein Arzt *wirklich* ist, nicht viel beitragen kann. Wenn es nun heißt, ein Engel sei seinem Amt oder seinem Handeln nach ein Engel, so ist das eine ebenso sonderbare Formulierung, wie wenn man sagt, ein Arzt sei seinem Amt oder Handeln nach ein Arzt. Das ist im Grunde nichtssagend. Mit einer solchen Definition ist es völlig unmöglich, einen Arzt etwa von einem Lehrer, einem Schreiner oder einem Postboten zu unterscheiden. Sie sagt nichts über die konkreten Aufgaben eines Arztes aus. In gleicher Weise kann man dem, was Augustinus sagte, nicht entnehmen, worin der Unterschied zwischen einem Engel und einem anderen Geistwesen besteht. Auch kann man aus diesem nicht die konkreten Aufgaben, die ein Engel wahrzunehmen hat, ableiten.

Dann heißt es weiter: *»Ihrem ganzen Sein nach sind die Engel Diener und Boten Gottes. Weil sie ›beständig das Antlitz meines Vaters* *sehen, der im Himmel ist‹ (Matth. 18, 10), sind sie ›Vollstrecker seiner Befehle, seinen Worten gehorsam.‹ Psal. 103, 20«*[4]

Dass Engel als »Diener« oder »Boten« bezeichnet werden, ist gewiss völlig korrekt. Der Begriff »Engel« ist abgeleitet vom lateinischen Wort »Angelus«, das vom alt-griechischen Wort »Angelos« (Plural »Angeloi«) herrührt. Diese Worte muss man in der Tat mit »Bote« übersetzen. Engel sind Diener übergeordneter Geistwesen und in gewissem Sinne Boten zwischen der göttlich-geistigen Welt und den Menschen. Das kann man durchaus einmal so stehen lassen. Dass nicht alle Engel, sondern nur die, welche der höchsten Hierarchie angehören, imstande sind, das Antlitz des göttlichen Vaters zu sehen, haben wir schon erläutert. Hier werden offensichtlich alle Engel in einen Topf geworfen. Es wird nicht in Abhängigkeit von der Hierarchie bzw. dem Reich, dem sie zugeordnet werden müssen, differenziert.

Weiter heißt es dann im Katechismus: »*Als rein geistige Geschöpfe haben sie Verstand und Willen; sie sind personale und unsterbliche Wesen. Sie überragen alle sichtbaren Geschöpfe an Vollkommenheit. Der Glanz ihrer Herrlichkeit zeugt davon.*«[5]

Selbstverständlich sind Engel personale – besser gesagt *individuelle* – Geistwesen, die unsterblich sind. Auch kann es keinen Zweifel daran geben, dass die Engel vollkommener oder – besser gesagt – schon höher entwickelt als alle sichtbaren, also in einem physischen Leib verkörperten Wesen sind. Gegen diese Charakterisierungen ist nichts einzuwenden. Allerdings lassen diese immer noch etliche Fragen offen.

Wie wir gesehen haben, kann man aus den von Künstlerhand geschaffenen Darstellungen sowie den kirchlichen Lehren nur wenige und recht dürftige Einblicke in das Wesen der Engel gewinnen.

In den folgenden Abschnitten soll versucht werden, das Wesen der Engel sowie ihr Bewusstsein und ihre Art der Wahrnehmung zu charakterisieren, indem wir aus verschiedenen Blickwinkeln darauf schauen.

6.3 Engel im Lichte der Anthroposophie

Alles, was man auf exoterischem Weg über das Wesen der Engel finden kann, ist nicht gerade sehr erhellend. Wirklich tiefe Erkenntnisse kann man nur gewinnen, wenn man die geisteswissenschaftlichen Forschungen Rudolf Steiners heranzieht, wenn man also schaut, was die Anthroposophie dazu zu sagen hat.

6.3.1 Die Wesensglieder der Engel

Die ENGEL stehen auf der untersten Stufe der dritten Hierarchie. Ihr Reich steht unmittelbar über dem Menschenreich, so wie das Reich der Menschen unmittelbar über dem Tierreich steht. Ihr hauptsächlicher Wirkungskreis reicht bis zur Mondensphäre. So wie der Mensch im Grunde noch an der Ausbildung bzw. Ausreifung seines Ichs arbeitet, sind die Engel schon dabei, ihr Geistselbst zur Reife zu bringen.

Zunächst einmal dürfte klar sein, dass Engel – und natürlich auch die geistigen Wesen der höheren Reiche – mit den *üblichen Sinnen* eines Menschen nicht wahrgenommen werden können. Ihr Wirken kann in der physischen Welt nur über ihre Offenbarungen erkannt oder zumindest erahnt werden. Darauf werden wir in Kapitel 7 noch ausführlich zu sprechen kommen.

Wenn man nach den Unterschieden zwischen einem Menschen und einem Engel fragt, so liegt *eine* Antwort auf der Hand: Ein Mensch hat einen *sichtbaren* Körper, also einen Leib, der von jedem Menschen, der über gesunde Sinnesorgane verfügt, wahrgenommen werden kann. Einen solchen Leib haben die Engel ganz offensichtlich nicht. Es *scheint* gar keinen Zweifel daran zu geben, dass Engel *keinen* physischen Leib haben. Wenn man an die physischen Leiber von Menschen oder auch an die von Tieren, Pflanzen oder Mineralien denkt, so muss man diesen doch ganz bestimmte Eigenschaften zuschreiben. Solche Leiber haben eine ganz bestimmte Gestalt oder

Form, die sich nicht – zumindest nicht in kürzester Zeit – ändern kann, und eine ganz bestimmte *mineralische* Substantialität. Sie sind in gewissen Grenzen *abgeschlossen* und stellen etwas *Einheitliches* dar. Man kann sie genauestens vermessen und wiegen. Diese Körper können sich zwar berühren, aber niemals gegenseitig durchdringen. Einen solchen physischen Leib haben Engel natürlich nicht.

Dennoch kann man auch bei ihnen in einem gewissen Sinne davon sprechen, dass sie ein solches Wesensglied besitzen – oder besser – annehmen können. Allerdings reicht dasjenige, was man als den physischen Leib eines Engels bezeichnen kann, nicht bis in die dichteste Stofflichkeit, nicht bis in das Mineralische, nicht bis in das Erdenelement hinunter. Diese Leiber sind vielmehr aus den Elementen Wasser, Luft und Feuer gewoben. Sie sind weder zusammenhängend noch deutlich voneinander abgegrenzt. Sie können sich gegenseitig durchdringen. »Wenn Sie einen Engel aufsuchen wollen, dann müssen Sie berücksichtigen, daß sein Physisches hier unten nur etwas ist wie ein Spiegelbild seiner geistigen Prinzipien [Wesensglieder], die auch nur im Geistigen zu schauen sind. Im fließenden und rieselnden Wasser, in dem sich in Dunst auflösenden Wasser, ferner in den Winden der Luft und in den durch die Luft zuckenden Blitzen und dergleichen, da haben Sie den physischen Körper der Engelwesen zu suchen. Und die Schwierigkeit besteht zunächst für den Menschen darin, daß er glaubt, ein Körper müsse ringsherum bestimmt begrenzt sein. Dem Menschen wird es schwer, sich zu sagen: Ich stehe vor einem aufsteigenden oder herabfallenden Nebel, ich stehe vor einer sich zerstäubenden Quelle, ich stehe im dahinbrausenden Wind, ich sehe den Blitz aus den Wolken schießen und weiß, daß das die Offenbarungen der Engel sind; und ich habe zu sehen hinter diesem physischen Leib, der eben nicht so begrenzt ist wie der menschliche, ein Geistiges. [...] Natürlich ist das, was im Wind dahinsaust, was im Wasser dahinfließt oder zerstiebt, nicht nur das materielle Abbild, das der grobe Verstand sieht, es lebt eben in der mannigfaltigsten Weise in Wasser, Luft und Feuer Ätherisches und Astralisches der Engel.«[6] Das, was man als physischen Leib der Engel bezeichnen könnte, ist nicht durch so etwas wie eine Haut begrenzt. Er kann beispielsweise aus verschiedenen Partien Wasser, die sich an verschiedenen Orten befinden, bestehen. An ein und dergleichen Partie einer bestimmten Wasseroberfläche, einer Luftmasse oder in einem Blitz können *viele* Engelwesen den dichtesten Teil ihres physischen Leibes haben. Dort sind auch ihre Äther- und Astralleiber zu finden.

Die okkulte Tatsache, dass die physischen Leiber von Engeln in den Elementen Wasser, Luft und Feuer gefunden werden können, wird im 1. Hebräerbrief angedeutet. Dort heißt es: *»Er lässt seine Engel zu Geistern der Winde werden und seine Opferdiener zu flammendem Feuer.«*[7] Auch in der Geheimen Offenbarung finden wir einen Anklang: *»Und ich sah einen andern starken Engel vom Himmel herabkommen, mit einer Wolke bekleidet, und der Regenbogen auf seinem Haupt und sein Antlitz wie die Sonne und seine Füße wie Feuersäulen.«*[8] Im *Johannes-Evangelium* wird von der Heilung eines Mannes, der 38 Jahre lang krank war, am Teich Bethesda berichtet. Hier findet man ebenfalls eine Andeutung, dass sich Engel im Wasser verkörpern können. *»Denn ein Engel des Herrn fuhr zu gewissen Zeiten in den Teich hinab und brachte das Wasser in Bewegung.«*[9]

Das primäre Element, in dem sich die Engel ›verkörpern‹ ist das Flüssige, das Wässrige. **»Für denjenigen, der mit hellseherischem Blick die Welt betrachtet, ist deshalb das, was man als flüssiges Element kennt, besonders das Wasser, nicht etwa nur von den Wesenheiten belebt und durchsetzt, die wir als Wasserwesen, Fische und so weiter kennen; sondern ein solcher weiß, daß trotz der sozusagen verfließenden Gestalt des Flüssigen, trotzdem keine feste Form in diesem wäßrigen Element festgehalten wird, daß trotzdem geistige Wesenheiten darin wohnen. Und zwar wohnen sie darin richtig verkörpert in dem wäßrigen Element, in verfließender, fortwährend sich verändernder Gestalt, die man deshalb auch mit dem äußeren Auge nicht unterscheiden kann. Da leben sie, diese Wesenheiten, die wir als Engel [...] bezeichnet haben. Sie haben wirklich ihren physischen Leib so, daß er nicht eine festumrissene Körperlichkeit darstellt; und wenn die alten Mythen und Sagen von sol-**

chen Wasserwesen erzählen, so ist das keine Phantasie, sondern entspricht einer Tatsächlichkeit.«[10]

Prinzipiell besitzen Engel die gleichen sieben Wesensglieder, die der Mensch heute schon hat bzw. in der Zukunft noch erwerben muss. Dass sie etwa auch ein Ich haben, liegt auf der Hand, da sie ja eigenständige, selbstbewusste, individuelle Wesen sind. Allerdings sind ihre Glieder etwas anders geartet und angeordnet als das beim Menschen der Fall ist. Den großen Unterschied bezüglich des physischen Leibes haben wir schon erläutert. Aufgrund dieser besonderen Beschaffenheit ihres physischen Leibes, wäre es auch nicht völlig falsch zu sagen, dass sie ein solches Wesensglied gar nicht besitzen. Beim Menschen sind *alle* Wesensglieder – insbesondere soweit sie heute schon ausgebildet sind – auf dem physischen Plan, also in der Erdenwelt zu finden. Sie sind zusammenhängend und befinden sich gewissermaßen am selben Ort. Der Mensch bildet mit seinen Wesensgliedern ein Ganzes, ein Einheitliches. Sie sind in sich abgeschlossen.

Das ist bei einem Engel nicht der Fall. Von ihm sind nur der physische Leib, der Ätherleib und der Astralleib in der physischen Welt vorhanden. Seine höheren Wesensglieder – angefangen bei seinem Ich – sind hellseherisch in der Astral- oder Seelenwelt zu finden (☞ Anhang, Skizze 1, S. 174). »Wenn Sie sich die Natur eines Engels klarmachen wollen, so müssen Sie sich denken, daß die höheren Glieder, die er hat und zu denen er sich ja entwickeln kann [...] daß diese höheren Glieder sozusagen in einer geistigen Welt über demjenigen schweben, was von ihm im Physischen vorhanden ist. Wenn man also die Natur eines Engels studieren wollte, so würde man sich sagen müssen: Der Engel hat nicht ein solches auf der Erde in einem Körper unmittelbar herumwandelndes Ich wie der Mensch. Er entwickelt auch nicht sein Manas [Geistselbst] auf der jetzigen Stufe seiner Entwickelung auf der Erde. Daher schaut auch das, was von ihm auf der Erde ist, gar nicht so aus, als wenn es zu einem geistigen Wesen gehören würde. Wenn Sie einem Menschen begegnen, so sehen Sie ihm an: Der hat seine Prinzipien [Wesensglieder] in sich, der hat daher alles organisch gegliedert.«[11]

6.3.2 Das Bewusstsein der Engel

Die Engel haben bereits auf dem alten Mond, der vorigen Inkarnationsstufe der Erde, ihre Menschheitsstufe durchgemacht. Sie haben dort ihr Ich bzw. Ich-Bewusstsein entwickelt. Sie waren also schon in uralten Zeiten in ihrer Entwicklung auf einer Stufe, die man mit der *vergleichen* kann, die für uns Menschen erst jetzt in der gegenwärtigen Erdenzeit ansteht. Somit stehen sie heute um eine Stufe höher als die Menschen. Man darf sich aber nicht vorstellen, dass sie damals ein solches Bewusstsein gehabt hätten, wie wir es heute haben. Sie haben ihre Menschheit vielmehr mit einem ganz anders gearteten Bewusstsein durchgemacht. Eine direkte Wiederholung von etwas, was schon einmal gewesen ist, findet im Weltensein niemals statt. »Also, damit einmal dieser Bewußtseinszustand entstehen konnte, den wir heute das Bewußtsein des Erdenmenschen nennen, dazu waren alle die Vorgänge nötig, die eigentlich diese Erde hervorgerufen haben, dazu war der Mensch als Mensch notwendig. Und die Erdenwesen konnten unmöglich auf den früheren Stufen der Entwickelung ein solches Bewußtsein entwickeln.«[12]

Unser *menschliches* Bewusstsein reicht hinunter bis in das Mineralreich, das heißt, wir können das Mineralische wahrnehmen und uns seiner bewusst werden. Insgesamt umspannt das menschliche Bewusstsein alle vier Erdenreiche: das Mineral-, Pflanzen-, Tier- und Menschenreich. Alle höheren Reiche entziehen sich der Wahrnehmungsfähigkeit eines nicht-hellsichtigen Menschen. Dass das Bewusstsein der Engel ein höheres als das der Menschen ist, liegt auf der Hand. Es mag ein wenig sonderbar klingen, dass es in gewisser Weise dadurch höher ist, dass es *nicht* bis in das Mineralreich hinunterreicht. Etwas Mineralisches entzieht sich der Wahrnehmungsmöglichkeit eines Engels. Es ist für ihn quasi gar nicht vorhanden. »Das, was der Mensch als Mineral wahrnimmt, als eine Raumausfüllung, ist für diese Wesenheiten ein leerer Raum, ein ausgesparter Raum. [...] Das Mineralische bietet für sie kein Hindernis; sie können hindurchgehen, es interessiert sie nicht; es ist ihnen ein zu untergeordnetes Reich. Ihre Wahrnehmung beginnt erst mit der Pflanzenwelt und erstreckt sich bis zu ihrem eigenen

Reich.«[13] Überall da, wo in der Sinneswelt ein Mineral ist, nehmen die Engel stattdessen nur eine Leere bzw. einen Hohlraum wahr. Dagegen ragt aber ihr Bewusstsein in Regionen hinauf, in die das menschliche Bewusstsein heute noch nicht hinaufragt.[14]

Auch das Bewusstsein der Engel umfasst somit vier Reiche: das Pflanzen-, Tier- und Menschenreich sowie natürlich ihr eigenes Reich, das Engelreich. Diese vier Reiche können Engel mit ihrem Bewusstsein umspannen. In diesen Reichen können sie wahrnehmen. Auch wenn die Bewusstseinssphäre der Engel in die der Erzengel hinaufragt, so kann man doch sagen, dass sich das Leben der Engel innerhalb dieser vier skizzierten Reiche abspielt. Daher muss man wohl auch bei den Engeln in gewisser Weise *physische* Wahrnehmungsorgane voraussetzen. Die Vorstellung, dass Engel, die ja keinen zusammenhängenden, begrenzten physischen Körper haben, über Sinnesorgane verfügen, fällt nicht ganz leicht. Müssten diese physischen Sinnesorgane nicht auch von uns Menschen gesehen und als solche erkannt werden können? Sehen können wir sie in der Tat ohne weiteres. Aber die Schwierigkeit besteht darin, zu erkennen, dass man diese scheinbar lose und willkürlich verstreuten Organe einer *Wesenheit* zuordnen muss.

Natürlich haben sie diese Organe nicht als Teil ihres physischen Leibes, so wie das bei Tieren und Menschen der Fall ist. Sie sind vielmehr über die Erde verstreut und in den Edelsteinen zu sehen. **»Die Sinnesorgane der Engel sind unsere Edelsteine. [...] Wie der Mensch seinen Gefühlssinn, seinen Tastsinn hat, so haben auch diese Wesenheiten ihren Gefühlssinn, und der drückt sich aus im Karneol, ihr Gesichtssinn im Chrysolith.«**[15] Auch die übrigen Sinnesorgane der Engel werden durch Edelsteine repräsentiert.

In vielen alten Völkern war noch ein Wissen dieser Tatsache vorhanden. Sie schrieben den einzelnen Edelsteinen eine besondere – vorwiegend heilende – Wirkung zu, die eben daraus resultierte, dass in ihnen Engel anwesend sind. Da der Karneol leicht zu bearbeiten ist, wurde er schon im Altertum als Schmuckstein verwendet. Wegen seiner blutroten Farbe bezeichneten ihn die alten Ägypter als »Lebensstein«. Er findet auch im »Ägyptischen Totenbuch« Erwähnung.

Werfen wir noch einen Blick auf den Chrysolith. Dieser hängt mit dem Sehsinn zusammen. Wie wir schon angedeutet haben, standen weder die Menschen noch die Engelwesen gleich in der Form und mit dem Bewusstsein und den Fähigkeiten da, wie es heute der Fall ist. Alle Welten und Wesen haben sich über unermesslich lange Zeiträume hindurch immer weiter entwickelt und werden sich in die fernste Zukunft hinein weiter entwickeln. »**Während sich in der Erdenevolution immer etwas Neues am Menschen gebildet hat, hat sich auch entsprechend Neues draußen in der Natur um ihn her gebildet. Zuerst entstand die Anlage des menschlichen Auges auf dem Sonnenplaneten** [alte Sonne (☞ Kapitel 4, S. 56f.)]. **Der Ätherleib bildete sich als erstes heraus, und dieser hat wieder das menschliche physische Auge gebildet. Wie ein Stück Eis aus dem Wasser heraus gefriert, so sind die physischen Organe aus dem feineren Ätherleib heraus gebildet. Innen im Menschen bildeten sich die physischen Organe, draußen wurde die Erde fest. In jeder Zeit geht die Bildung eines Organs im Menschen und draußen in der Natur die Bildung bestimmter Konfigurationen parallel. Während im Menschen das Auge veranlagt wurde, bildete sich im Mineralreich der Chrysolith. Daher kann man sich denken, daß dieselben Kräfte, die draußen die Natur des Chrysoliths zusammenfügen, im Menschen das Auge bilden.**«[16] »**Daher verwendet der Okkultist zu besonderen Zwecken Steine. Er empfindet eine Sympathie zwischen dem Sehen und dem Chrysolith und weiß, wie auf gewisse Augenkrankheiten damit zu wirken ist.**«[17] Interessanterweise wird auch in der *heutigen* Heilsteinkunde der Chrysolith mit den Augen in Verbindung gebracht. Lithotherapeuten glauben, dass Chrysolith ein Stein ist, der das Sehvermögen verbessern und verschiedene Augenkrankheiten heilen kann.

Nun kann auch verständlich werden, warum die Engel weder Edelsteine noch sonstiges Mineralisches wahrzunehmen vermögen. Sinnesorgane sind da, um wahrzunehmen. Sie nehmen sich selbst aber nicht wahr! Um das einsehen zu können, muss man nur an die Sinnesorgane des Menschen denken: Die Augen können sich nicht selbst sehen. Die Engel können also in der mineralischen Welt keine Wahrnehmungen haben, weil ihre Sinnesorgane in dieser sind.

6.3.3 Das Schaffen der Engel

Kommen wir auf einen weiteren gravierenden Unterschied zwischen Engeln und Menschen zu sprechen. Wenn ein Mensch vorhat, etwas zu tun, wenn er den Willen hat, etwas zu schaffen, so macht er sich zumindest im Normalfall einen Plan. Wenigstens überlegt er im Vorfeld gründlich, wie das Ergebnis dessen, was er zu tun gedenkt, werden bzw. ausschauen soll. Er hat also schon eine Vorstellung von dem, was er erst noch schaffen will. Er sieht es gewissermaßen schon vor sich.

Das verhält sich bei einem Engelwesen – und das gilt nicht nur für die, welche dem neunten Reich angehören – ganz anders! Bei ihnen liegt alles in der *Absicht*. Bei ihnen kommt alles auf die Absichten an. Sie können das Resultat ihrer Tätigkeit erst beurteilen, wenn diese abgeschlossen ist, wenn das Ergebnis ihres Schaffens der Welt eingeprägt ist. Man kann es vielleicht damit vergleichen, wie einige Menschen – insbesondere Künstler – vorgehen, die bisweilen ähnlich verfahren. Sie haben die Absicht, etwas zu schaffen, sagen wir eine Statue, ohne sich im Vorhinein darüber Klarheit zu verschaffen, was diese Statue letztlich genau darstellen soll, wie sie genau gestaltet sein soll. Das Werk kann großartig werden oder auch misslingen. Unter Umständen kann der Künstler hinterher sogar das, was ihm eigentlich misslungen ist, für wertvoller halten als das, was in seiner Absicht lag. Oder denken Sie an ein Kind, das die Absicht hat, etwas zu malen – sagen wir einen Weihnachtsbaum. Natürlich weiß das Kind, wie ein solcher Baum ausschaut, dass er mit Kugeln, Sternen und Kerzen geschmückt wird. Aber das Kind wird sich gewiss nicht schon im Vorfeld entscheiden, wie viele Zweige der Baum haben wird, wie viele Kugeln, Sterne und Kerzen ihn zieren sollen, an welchen Zweigen diese hängen und welche Farben sie bekommen sollen. Das wird sich letztlich erst während des Schaffens ergeben. Anschließend, wenn das Bild fertig ist, kann es entscheiden, ob es ihm gefällt, ob es gelungen ist.

»Da nähert man sich ein wenig dem außerordentlich schwer Denkbaren, daß beim Bewußtsein der Angeloi, beim Wollen der

Angeloi alles ankommt auf die Absichten, und daß diese Absichten in der verschiedensten Weise, ja sogar in der entgegengesetztesten Weise sich auf dem physischen Plane realisieren können. Das heißt, wenn sich ein Angelos etwas vornimmt, so nimmt er sich etwas ganz Bestimmtes vor, aber nicht so, daß er sagt: Auf dem physischen Plane muß es so und so aussehen. Das wird er erst wissen, wenn es da ist.«[18]

Also, die Engel haben die Absicht, etwas zu schaffen, und erst wenn ihre Tätigkeit abgeschlossen und als Ergebnis der Welt eingepflanzt ist, können sie erkennen, ob es gelungen ist, ob es *gut* geworden ist. Das ist auch bei den Exusiai der Fall. In der Schöpfungsgeschichte Mose wird das tiefsinnig angedeutet. Am Ende des ersten Schöpfungstages, nachdem das Licht geschaffen worden war, heißt es: »*Und Gott sah, daß das Licht gut war.*«[19] Auch am Ende der übrigen Tage heißt es: »*Und Gott sah, daß es gut war.*«[20] Dass es anstelle von »Gott« richtigerweise »Elohim« heißen müsste, haben wir bereits erörtert. Erst nachdem die Elohim ihr jeweiliges Werk vollbracht hatten, nachdem das, was in ihrer Absicht lag, auf dem physischen Plan verwirklicht war, konnten sie wissen, dass es gelungen, dass es gut war. Nur so bekommen diese etwas merkwürdigen Bibelverse einen konkreten Sinn.

6.3.4 Wahrnehmung und Innenleben der Engel

Es soll nun ein weiterer sehr charakteristischer Unterschied zwischen Menschen und Engeln betrachtet werden. Wenn der Mensch wacht, so führt er – wie jeder weiß – entweder ein »Wahrnehmungs-« oder ein »Innenleben«. Das Wahrnehmungsleben ist dadurch charakterisiert, dass er seinen Blick nach außen lenkt, dass er sich an das, was er um sich hat, verliert. Er verliert sich an die Wesen der verschiedenen Naturreiche oder an etwas von Menschen Geschaffenem.

Wenn der Mensch seinen Blick und seine Aufmerksamkeit von der äußeren Welt abwendet, wenn er frei von ihr wird, kommt er in sein Inneres hinein. Dann führt er ein Innenleben, das unabhängig von der Außenwelt ist. Er nimmt sich selbst wahr, er wird sich seiner Gefühle, Empfindungen usw. bewusst.

Bei einem Engel und auch bei den übrigen Wesen der dritten Hierarchie kann man nicht in diesem Sinne von Wahrnehmungs- und Innenleben sprechen. Schon das, was man beim Menschen als »Wahrnehmung« im oben skizzierten Sinne bezeichnet, schaut bei den Engeln ganz anders aus. Das Wahrnehmen der Engelwesen ist zugleich ein *Selbst-Offenbaren*. Sie offenbaren ihr eigenes Wesen. Das, was sie so von sich selbst offenbaren, bildet zugleich den Inhalt ihrer Wahrnehmung. Man könnte es damit vergleichen, dass der Mensch sein Wesen durch Worte, Gesten, Gebärden und Mimik offenbart, und sein Bewusstsein auf das derart nach außen Hervorgebrachte lenkt, um sich selbst wahrnehmen zu können. »**Es ist also in einer gewissen Weise bei jenen Wesenheiten einer höheren Welt, von denen wir hier zu sprechen haben, alle Wahrnehmung zugleich eine Offenbarung ihres eignen Wesens. Das bitte ich Sie zu berücksichtigen, meine lieben Freunde, daß, indem wir aufsteigen zu der höheren Kategorie [Hierarchie] von Wesenheiten, die nicht mehr äußerlich wahrnehmbar sind für den Menschen, wir solche Wesenheiten vor uns haben, welche wahrnehmen, indem sie offenbaren, indem sie zum Ausdruck bringen das, was sie selber sind. Und sie nehmen ihr eigenes Wesen eigentlich nur so lange wahr, solange sie offenbaren wollen, solange sie es in irgendeiner Weise nach außen zum Ausdruck bringen. Sie sind, wir könnten sagen, nur wach, indem sie sich offenbaren.**«[21] Also, das, was beim Menschen Wahrnehmung ist, ist bei einem Engel *Selbst-Offenbarung*.

Wie schaut es aus, wenn ein solches Geistwesen sich nicht offenbart, wenn es nicht auf die skizzierte Weise wahrnimmt? Wie kann man sich das Pendant zu dem vorstellen, was beim Menschen das übliche und uns allen bekannte Innenleben ist? »**Und wenn sie sich nicht offenbaren, wenn sie durch ihren Willen also nicht zu der Umwelt, zu der äußeren Welt in eine Beziehung treten, dann tritt für sie ein anderer Bewußtseinszustand ein, dann schlafen sie in einer gewissen Weise. Nur ist ihr Schlaf kein bewußtloser Schlaf wie** beim Menschen, sondern ihr Schlaf bedeutet für sie eine Art Herabminderung, eine Art Verlust ihres Selbstgefühles. Sie haben ihr Selbstgefühl so lange, als sie nach außen sich offenbaren, und sie verlieren in einer gewissen Weise ihr Selbstgefühl, wenn sie sich nicht mehr offenbaren. Sie schlafen dann nicht wie die Menschen, sondern dann tritt in ihr eigenes Wesen etwas herein wie die Offenbarung von geistigen Welten, die höher sind als sie selber. Sie sind dann ausgefüllt in ihrem Innern von höheren geistigen Welten.«[22] Wenn die Engel, Erzengel und Archai willentlich ihren Blick von der Selbst-Offenbarung abwenden, so erfüllt sich durch die bedingungslose Hingabe an die höheren Hierarchien ihr Bewusstsein mit den Inhalten der höheren geistigen Welten. Anstelle eines Innenlebens haben die Engel das Erlebnis höherer geistiger Welten und Wesen, das heißt, sie haben statt des Innenlebens – wie es der Mensch hat – *Geist-Erfüllung*, wie es Rudolf Steiner nannte.

6.3.5 Können Engel lügen?

Wir wollen uns noch eine vielleicht etwas provokative, aber durchaus spannende Frage vorlegen: Können Engel eigentlich lügen? Dem Menschen ist es möglich, dass er innerlich Erlebnisse hat, die mit dem, was er äußerlich wahrnimmt, nicht übereinstimmen. Im krassesten Fall haben wir es dabei mit einer Lüge zu tun. »Der Mensch ist fähig, etwas wahrzunehmen und andere Vorstellungen in seinem Inneren zu erwecken, auch zu äußern, als sie den Wahrnehmungen entsprechen. Der Mensch kann durch diese seine Eigenschaft der Außenwelt durch die Lüge widersprechen. Das ist eine Möglichkeit, welche [...] dem Menschen gerade deshalb gegeben werden mußte, damit er durch seinen freien Willen zur Wahrheit kommen könne. Indem wir aber den Menschen so, wie er einmal ist in der Welt, betrachten, müssen wir diese Eigenschaft ins Auge fassen, daß der Mensch in seinem inneren Leben Vorstellungen ausbilden und auch äußern kann, welche mit den Wahrnehmungen, mit den Tatsachen nicht übereinstimmen.«[23]

Lüge ist für Engel unmöglich! Sie müssen ihr wahres Wesen offenbaren und haben im Rückblick auf diese Offenbarung ihr waches Selbstbewusstsein. Jede Lüge, jede Täuschung in der Selbst-Offenbarung würde ihr Bewusstsein auslöschen. »Dies [Lüge] ist als eine Möglichkeit bei den Wesenheiten der höheren Kategorie, die hier angeführt worden sind, solange sie ihre Natur behalten, nicht gegeben. Die Möglichkeit der Lüge besteht bei den Wesenheiten der dritten Hierarchie, wenn sie ihre Natur beibehalten, nicht. Denn was würde erfolgen, wenn eine Wesenheit der dritten Hierarchie lügen wollte? Dann müßte sie in ihrem Innern etwas erleben, was sie in einer anderen Weise, als sie es erlebt, in die Außenwelt übertrüge. Aber dann würde diese Wesenheit der nächsthöheren Kategorie dies nicht mehr wahrnehmen können, denn alles das, was diese Wesenheiten in ihrem Innern erleben, ist Offenbarung, tritt sogleich in die Außenwelt über. Diese Wesenheiten müssen im Reich der absoluten Wahrheit leben, wenn sie sich überhaupt erleben wollen. Nehmen wir an, diese Wesenheiten würden lügen, das heißt, etwas in ihrem Innern haben, was sie so umsetzen würden in ihren Offenbarungen, daß es mit den Offenbarungen nicht zusammenstimmt, dann würden sie es nicht wahrnehmen können, denn sie können nur ihre innere Natur wahrnehmen. Sie würden unter dem Eindruck einer Lüge sogleich betäubt werden, sogleich in einen Bewußtseinszustand versetzt werden, der eine Herabdämmerung, eine Herabstimmung wäre ihres gewöhnlichen Bewußtseins, das eben nur in der Offenbarung ihres Innern leben kann. So haben wir über uns eine Klasse von Wesenheiten, welche durch ihre eigene Natur leben müssen im Reich der absoluten Wahrheit und Wahrhaftigkeit, wenn sie diese Natur nicht verleugnen wollen. Und jede Abweichung von der Wahrhaftigkeit würde diese Wesenheiten betäuben, ihr Bewußtsein herabstimmen.«[24]

6.3.6 Das Denken der Engel

Die geistigen Wesen der dritten Hierarchie – und somit auch die Engel – denken auch auf eine ganz andere Art als der Mensch. Ihr Denken ist viel geordneter und geregelter. Es orientiert sich noch an den großen kosmischen Verhältnissen. »Diese Wesenheiten sind in der kosmischen Entwickelung dem Menschen vorausgeeilt. Wenn

111

wir sie heute studieren würden, so würden wir finden, daß sie viel geistigere Wesenheiten sind als der Mensch. Sie leben daher auch in höheren Welten. [...]

Sie richten sich in den geistigen Dingen durchaus nach dem Rhythmus des Kosmos. Ein Engel würde nicht so ungeordnet denken wie der Mensch, aus dem einfachen Grunde, weil sein Gedankenablauf geregelt wird von den kosmischen Mächten und er sich danach richtet. Es ist ganz ausgeschlossen, daß ein Wesen wie ein Engel nicht im Einklange mit den großen geistigen, kosmischen Vorgängen dächte. In der Weltenharmonie stehen die Gesetze der Logik für die Engel geschrieben. Sie brauchen keine Lehrbücher. Der Mensch braucht Lehrbücher, weil er seine inneren Denkverhältnisse in Unordnung gebracht hat. Er erkennt nicht mehr, wie er sich nach der großen Sternenschrift richten soll. Diese Engel kennen den Ablauf im Kosmos, und ihr Denkablauf entspricht dem geregelten Rhythmus. Der Mensch ist, als er in seiner jetzigen Gestalt die Erde betreten hat, aus diesem Rhythmus herausgekommen, daher das Regellose seines Denkens, seiner Empfindungen und seines Gefühlslebens.«[25]

6.3.7 ›Nachkommen‹ der Engel

Die Geistwesen, die zur dritten Hierarchie gehören, sind auch schaffend tätig. Ähnlich wie eine Pflanze einen Keim abstößt, so bringen diese andere Wesenheiten hervor. »Es ist nun nur ein gewisser Unterschied zwischen dem, was die Pflanze als Keim hervorbringt, wenn wir das als Vergleich heranziehen, und zwischen diesen Wesenheiten, die sich absondern von den Wesenheiten der dritten Hierarchie. Wenn die Pflanze einen Keim hervorbringt, so ist dieser gewissermaßen gerade so viel wert wie die ganze Pflanze, denn aus ihm kann wiederum eine ganze Pflanze gleicher Art werden. Diese Wesenheiten sondern gleichfalls andere ab, die sich gleichsam abschnüren, wie sich die Keime von den Pflanzen abschnüren: sie bekommen gleichsam Nachkommen, die aber jetzt in gewisser Beziehung von niedrigerer Sorte sind als sie selbst. Sie müssen von einer niedrigeren Sorte sein, weil sie andere Aufgaben bekommen, die sie nur verrichten können, wenn sie von einer niedrigeren Art sind.«[26]

Die Wesenheiten, die auf diese Weise von den Engeln, Erzengeln und Archai abgeschnürt und als ihre Nachkommen bezeichnet werden können, sind zum Dienst an der Natur bestimmt. Sie werden hinuntergesendet in die Natur. Man nennt sie NATURGEISTER oder ELEMENTARWESEN. Allerdings darf man den Begriff »Nachkommen« nicht in dem Sinne verstehen, wie er bei den auf dem physischen Plan verkörperten Wesen verstanden wird. Die Nachkommen von Menschen, Tieren und Pflanzen sind von derselben Art wie ihre Vorfahren. Das ist bei den Elementarwesen *nicht* der Fall. Sie sind von deutlich niedrigerem Rang als die Wesen der dritten Hierarchie, die sie hervorgebracht haben. Man kann sie als dienende Glieder der geistigen Hierarchien auffassen.

Diejenigen Elementarwesen, die man als Nachkommen der Engel bezeichnen kann, sind die ELEMENTARWESEN DER LUFT. Sie werden als SYLPHEN oder LUFTGEISTER bezeichnet. Diese sind innerlich mit dem menschlichen Willen verwandt. Sie haben ähnlich wie die Tiere einen physischen Leib, einen Ätherleib und Astralleib. Darüber hinaus haben sie noch ein unteres Wesensglied im dritten Elementarreich. »Da wo Tier und Pflanze sich berühren, da wirken die Sylphen. Die Sylphen sind gebunden an das Element der Luft, sie leiten die Bienen zu den Blüten. So verdanken wir fast alle nützlichen Erkenntnisse der Bienenzucht den alten Traditionen, und gerade bei der Bienenzucht können wir viel von ihnen lernen. Denn was heutzutage als Wissenschaft über die Bienen existiert, ist vollständig von Irrtum durchzogen, und die alte Weisheit, die sich fortgepflanzt hat durch Tradition, wird dadurch nur beirrt. Die Wissenschaft erweist sich da als etwas Unbrauchbares. Nützlich sind nur die alten Handgriffe, deren Ursprung unbekannt ist, weil der Mensch damals als Leitfaden die geistige Welt benützte.«[27]

Kapitel 7

Die Aufgaben der Engel

*Von allen Gefährten,
die mich begleiten,
ist mir keiner so treu geblieben
wie der Schutzengel.*

Clemens Brentano

Das häufigste und meistens sogar einzige Motiv, das viele Menschen mit Engeln verbinden, ist, dass diese die Aufgabe haben, den Menschen zu beschützen. Wohl jeder von uns hat doch schon einmal den Begriff »Schutzengel« gehört. Wenn jemand durch eine glückliche Fügung vor einem Unglück oder einer sehr unangenehmen Situation bewahrt wurde, so sagt man gern: »Da hast du aber einen guten Schutzengel gehabt!« Dieser Satz ist natürlich längst zu einer Floskel geworden, der auch Menschen, die nicht an Engel oder sogar an gar nichts Geistiges glauben, leicht über die Lippen kommt.

Viele Zeitgenossen, die noch nicht der materialistischen Weltanschauung anheimgefallen sind und sehr wohl an Engel glauben, vertreten die Meinung, dass es die einzige Aufgabe dieser Wesen sei, die Menschen vor Schaden und Unheil zu bewahren und sie zu einem ›gottgefälligen‹ Leben anzuleiten. Ansonsten – so glaubt man – halten sie sich im Himmel auf, wo sie ein freudiges und beseligendes Leben führen. So entstehen dann häufig sehr naive Vorstellungen wie die, dass sich die Engel den lieben langen Tag um Gottes Thron scharen, wo sie auf der Harfe spielen und »Halleluja« singen. Überhaupt muss man immer wieder feststellen, dass die Engel nicht wirklich ernst genommen und völlig profanisiert werden. Das hat auch letztlich dazu geführt, dass viele Menschen der Ansicht sind, der Glaube an Schutzengel sei ein Kinderglaube. Er wird aber nur dann zu einem Kinderglauben, wenn man selbst nicht über kindliche und triviale Vorstellungen hinauskommt.

Wie wir in diesem Kapitel sehen werden, haben die Engel sehr wichtige und mannigfache Aufgaben im Rahmen der göttlichen Weltenordnung zu erfüllen, solche die von keinem anderen Wesen wahrgenommen werden können. Es wäre also viel zu eng gedacht, wenn man die Aufgaben der Engel auf ihre schützende Funktion reduzieren würde.

7.1   Das inkarnations-übergreifende Wirken der Engel

Wir wollen gleich zu Beginn dieses Kapitels die wohl wichtigste und umfassendste Aufgabe, welche die Engel für uns Menschen leisten, betrachten.

Jeder von uns war schon viele Male als Mensch auf der Erde inkarniert und wird noch viele Male dort erscheinen. Wenn ein Mensch durch die Geburt in ein neues Erdendasein schreitet, so betritt er eine Welt, die ihm nicht fremd ist. In seinen früheren Inkarnationen hat er hier gewissermaßen seine Spuren hinterlassen. *Bevor* er erneut auf die Erde herabgestiegen ist, wusste er, welchen

Menschen er wieder begegnen muss und welche Aufgaben für ihn anstehen. Er bringt sein Schicksal mit, das er im Verein mit den Wesen der höheren Hierarchien in der geistigen Welt geplant hat. Er hat den Drang, dieses selbst gewählte Schicksal zu leben.

Nun gibt es aber ein großes Problem! Die weitaus meisten Menschen unserer Zeit können sich nicht mehr an ihre früheren Leben erinnern. Auch an ihren Aufenthalt in der Geisteswelt haben sie keinerlei Erinnerung mehr. Die Folgen dieses Problems können wir uns anhand eines einfachen Beispiels verdeutlichen.

Zu allen Zeiten gab es Menschen, die den Schlaf als den »kleinen Bruder des Todes« bezeichnet haben. Wenn wir bei diesem Bild bleiben wollen, kann man zwei aufeinanderfolgende Tage im Leben eines Menschen mit zwei aufeinanderfolgenden Erdenleben vergleichen.

Betrachten wir also einen beliebigen Tag im Leben eines Menschen. Stellen Sie sich vor, Sie wüssten nach einer durchschlafenen Nacht am nächsten Morgen nicht mehr, was sie am Vortag gemacht, gedacht, gefühlt und gewollt haben. Vielleicht haben Sie am Tag zuvor gerade damit begonnen, eine wichtige Arbeit in Angriff zu nehmen, die Sie an den nächsten Tagen fortsetzen wollten. Da Sie sich nun aber an nichts mehr erinnern könnten, wäre es Ihnen unmöglich, jemals dieses Werk zu vollenden. In einem solchen Leben, in dem Sie sich nicht mehr an die vergangenen Tage erinnern könnten, wäre es Ihnen unmöglich, jemals etwas zustande zu bringen, wozu die Arbeit von mehreren Tagen vonnöten wäre. Ihr Leben könnte sich niemals zu einem sinnvollen Ganzen abrunden. Es wäre zerrissen in viele unvollendete Tagwerke.

Genauso scheint es doch auch im Großen zu sein, wenn wir unsere gesamte bisherige Existenz, die sich schon über sehr viele Inkarnationen erstreckt, ins Auge fassen. Wie können wir etwas aufgreifen, weiterpflegen, vollenden, das wir in früheren Leben in Angriff genommen haben, wenn wir daran sowie an alles, was wir zwischendurch in den höheren Welten geplant haben, keine Erinnerung mehr haben? Die derzeitigen menschlichen Seelenkräfte sind noch nicht stark genug, diese Erinnerungen abrufen zu können. Den ›roten Faden‹, der unsere Erfahrungen und Erinnerungen aus früheren Verkörperungen zusammenhält und zu einem sinnvollen Ganzen verbindet, vermögen wir heute noch nicht zu spinnen.

Es wäre ja jetzt ein Desaster, wenn niemand diesen Faden zu spinnen vermöchte. Da haben aber die Weltenlenker Vorsorge getroffen. Hier kommt nun die vielleicht wichtigste Aufgabe, welche die Engel für die Menschen übernehmen, in Betracht. Jeder menschlichen Individualität ist ein Wesen aus dem Reich der Engel zugeteilt. Jedem Menschen ist sein ganz persönlicher Engel zur Seite gestellt, dessen Mission es ist, diese menschliche Individualität zu leiten und zu führen. Man könnte ihn SCHUTZENGEL, FÜHRENDER ENGEL oder auch GENIUS nennen. **»Was würde nun für eine Zusammengehörigkeit sein zwischen den Inkarnationen eines Menschen auf der Erde, der sich noch nicht erinnert an seine früheren Verkörperungen, wenn nicht gewisse Wesenheiten da wären, die sozusagen die einzelnen Inkarnationen zusammenschließen, die da wachen über das Fortentwickeln von einer Inkarnation zur anderen? Für jeden Menschen müssen wir voraussetzen eine Wesenheit, welche dadurch, daß sie um eine Stufe höher ist als der Mensch, die Individualität von einer Inkarnation zur andern hinüberleitet. [...]; das sind einfach wachsame Wesenheiten, die sozusagen das Gedächtnis bewahren von einer Inkarnation zur anderen, solange der Mensch selber es nicht kann. Und diese Wesenheiten sind eben die Angeloi oder Engel. So daß wir sagen können: Jeder Mensch ist in jeder Inkarnation eine Persönlichkeit, aber über jeden Menschen wacht eine Wesenheit, welche ein Bewußtsein hat, das von Inkarnation zu Inkarnation geht.«**[1]

Es ist dieser führende Engel, der diesen Faden spinnt und somit den Zusammenhang der einzelnen Inkarnationen festhält. Die Engel bewirken das rechte Verhältnis der Leben zwischen Tod und neuer Geburt und der einzelnen Erdenleben. Erst durch die Engel kommt die volle selbständige Individualität des Menschen zustande.

Die Engel haben ein Bewusstsein, das die gesamte Existenz des ihnen anvertrauten Menschen umspannt, so dass sie ein ›wachendes Auge‹ über ihn haben und ihn von Inkarnation zu Inkarnation führen und leiten können. »Betrachten wir den Gang eines Menschenlebens über die Erde in seiner Gesamtheit. Wir wissen, es geht durch viele Verkörperungen hindurch. Einmal, in einem gewissen Punkte der Erdentwickelung, beginnt der Mensch als Seelen-Ich in seiner ersten Inkarnation auf der Erde zu leben. Dann stirbt er, es kommt eine Zwischenzeit, dann eine neue Verkörperung, und so geht es fort von Inkarnation zu Inkarnation, und das wird erst in einem fernen Punkte der menschlichen Entwickelung sein Ende haben. Dann wird der Mensch durch alle Inkarnationen hindurchgegangen sein, und dann wird er auch die Fähigkeit erlangt haben, seinen astralischen Leib vollkommen zu beherrschen. Das kann er nicht früher, als bis er durch alle Inkarnationen hindurchgegangen ist, wenigstens nicht in normaler Entwickelung. Da verfolgt nun ein solcher höherer Geist [Engel] das Innerste der Menschennatur, was sich von Inkarnation zu Inkarnation zieht, und leitet den Menschen von Inkarnation zu Inkarnation, so daß er seine Erdenmission wirklich erfüllen kann. Es ist in der Tat so, wie wenn der Mensch seit dem Beginn seiner Erdenwanderung hinaufsehen könnte nach einem erhabenen Geist, der sein Vorbild ist, der ganz seinen astralischen Leib beherrschen kann, der ihm sagt: So mußt du sein, wenn du einst aus dieser Erdentwickelung heraustrittst. – Das ist die Aufgabe der sogenannten Geister des Engelreiches, die Inkarnationen der Menschen zu leiten.«[2] Unser Engel überblickt die gesamte Kette unserer bisherigen irdischen Verkörperungen. Er leitet im Verein mit den Engeln unserer Mitmenschen und unterstützt von Engelwesen der höheren Reiche unseren Schicksalsweg. Diese Notwendigkeit ergibt sich so lange, bis die menschlichen Seelenkräfte eines fernen Tages stark genug sind, um diesen Zusammenhang selbst festhalten zu können.

Unser Engel kennt uns natürlich sehr viel besser, als wir uns selbst kennen. Er überschaut alle Erfordernisse unseres Schicksals. Wir können uns ja höchstens an das erinnern, was wir als die *Persön-*

lichkeit, die wir in diesem Leben sind, in den Zeiten ab unserem etwa dritten Lebensjahr, in denen wir wach waren, erlebt haben. Unser Engel kennt hingegen unsere wahre *Individualität*, die schon zahlreiche Inkarnationen umfasst. Er ist seit Jahrmillionen bei uns, auch wenn wir das vermutlich nur selten bemerkt haben dürften. Er weiß somit, welche Erfahrungen, Aufgaben, Erlebnisse und Begegnungen für uns im aktuellen Erdenleben wichtig und notwendig sind.

Dass das konfessionelle Christentum von dieser bedeutsamen Mission der Engel nichts weiß oder wissen will, liegt auf der Hand. Schließlich bezeichnen sie die Reinkarnations- und Karmalehre immer noch als Irrlehren, wie man etwa dem Katechismus der katholische Kirche entnehmen kann.[3]

Der Schutzengel begleitet seinen Menschen seit dessen erster Verkörperung auf der Erde; und er wird an seiner Seite bleiben – unabhängig davon, ob der Mensch ver- oder entkörpert ist –, bis dieser keiner Inkarnation mehr bedarf. In dieser fernen Zukunft kann der Mensch seinen Engel entlassen bzw. erlösen, damit dieser zum Erzengel aufsteigen kann. Die Engel gehören zu denjenigen geistigen Wesen, die ihre Entwicklung *durch den Menschen* erlangen, indem dieser sich mitentwickelt. Wir sind also nicht nur für unsere eigene geistig-seelische Entwicklung verantwortlich, sondern auch für die der Engel. Wie alle geistigen Wesen der höheren Hierarchien verrichten die Engel ihre Dienste in völliger Selbstlosigkeit. Die Verbindung unseres Engels mit uns ist wesenhaft, existentiell. Was auch immer wir tun – wir sind selbstlos begleitet von dem Bewusstsein des Engels.

Auf dem Jupiter bedarf der Mensch seines führenden Engels nicht mehr. Dann wird er selbst auf der Stufe stehen, auf der die Engel schon heute sind.

Es gibt im Übrigen auch Engel, die nicht einzelnen menschlichen Individualitäten, sondern kleineren und größeren Menschengemeinschaften als Führungsengel zugeordnet sind. So gibt es etwa *Ehe-engel* und *Gemeindeengel* religiöser Gemeinschaften.

Aufgrund der Tatsache, dass unser Engel alle unsere Inkarnationen überschaut und genau weiß, was für uns in dem aktuellen Leben notwendig ist, gibt es viele ganz konkrete Dinge, die er für uns leisten kann. Auf diese wollen wir nun den Blick lenken.

7.1.1 Die Engel führen die ›richtigen‹ Menschen zusammen

Während wir nach unserem letzten Tod für lange Zeit in der geistigen Welt waren, bis wir zu unserem jetzigen Erdendasein hinabgestiegen sind, haben wir zunächst unser letztes Erdenleben aufgearbeitet und dann unser neues geplant. Das war uns nur möglich, weil wir in dieser Zeit eine ungleich größere Weisheit und Weitsicht hatten, als das im Erdenleben der Fall ist. Dennoch hätten wir diese äußerst komplexen Planungen niemals *allein* bewerkstelligen können. Unser Engel und auch Engel der höheren Reiche sowie die Seelen der Menschen, die zu unserem Schicksalskreis gehören, haben uns dabei kräftig unterstützt. In dieser Zeit war uns bewusst, mit welchen Menschen wir aus einer karmischen Notwendigkeit heraus in diesem Leben zusammenkommen müssen. Insbesondere haben wir uns in dieser Zeit schon gewissermaßen mit der Individualität, die unser Ehe- oder Lebenspartner werden soll, ›verabredet‹. So ist auch das deutsche Sprichwort zu verstehen: »Ehen werden im Himmel geschlossen, aber auf Erden gelebt.«

Nun ergibt sich aber das schon bekannte große Problem: Wir können uns an unsere letzten Erdenleben und an das, was wir uns in der geistigen Welt vorgenommen haben, bevor wir durch die Geburt ins erneute Erdenleben getreten sind, nicht mehr erinnern. Somit haben wir auch keine Ahnung, dass irgendwo auf der Erde ein Mensch lebt, mit dem wir zusammenkommen müssen. Jetzt kommt uns unser Schutzengel zu Hilfe, der für uns den Zusammenhang zwischen unseren Inkarnationen festhält und der weiß, dass wir *diesem* Menschen begegnen müssen. Er wird uns auf eine sehr subtile und für uns kaum wahrnehmbare Art mit diesem Menschen zusammenbringen. In den wohl meisten Fällen müssen sich die Engel zweier Menschen – trivial gesprochen – ›absprechen‹ und einen gemeinsamen Plan entwerfen, damit diese beiden zusammenkommen können.

Es ist ja häufig so, dass wir unsere Ehepartner oder auch unsere Freunde auf scheinbar sehr merkwürdigen und geradezu verworrenen Wegen kennengelernt haben. In vielen Fällen war es wirklich unser Engel, der uns mit diesem Menschen zusammengeführt hat. Da wir das nicht bemerken, neigen wir natürlich zu der Auffassung, dass es sich entweder um unsere eigene Entscheidung oder aber um eine ›Verkettung von Zufällen‹ gehandelt hätte, wenn wir etwa unseren Ehepartner oder besten Freund auf ›wundersame Weise‹ kennengelernt haben oder wenn wir uns doch dazu entschlossen haben, eine bestimmte Arbeitsstelle anzunehmen, obwohl wir eigentlich mit einer ganz anderen geliebäugelt haben.

Zufälle gibt es nicht! Wenn irgendetwas geschieht, für das es keine Ursache zu geben *scheint*, etwas, das man sich nicht erklären kann, ist man geneigt, von einem »Zufall« zu sprechen. Es geschieht allerdings niemals etwas, für das es keine Ursache gibt. Nur sind diese in den höheren Welten, im Wirken geistiger Wesen zu finden. Dort wird man aber nicht suchen, weil man nicht an etwas Geistiges glaubt. Selbst wenn man dort suchen würde, so würde es ein nicht-hellsichtiger Mensch auch kaum finden können. Er könnte es höchsten erahnen.

Die folgenden vier Fallstudien mögen das Gemeinte verdeutlichen. Es sind Fälle, wie sie in ähnlicher Form Tag für Tag tausendfach in der Welt vorkommen.

Auch wenn diese hier in gekürzter Form gebracht werden sollen, bedürfen sie wohl keiner Interpretation. Aufgrund des bisher Geschilderten dürfte klar sein, an welcher Stelle und auf welche Weise die Engel eingegriffen haben.

1. Fall

Der 29-jährige Peter U. war nicht gerade sehr sportlich und konnte insbesondere mit Fußball nichts anfangen. Als die Betriebsmannschaft des Unternehmens, in dem er beschäftigt war, ein Fußballspiel gegen die Mannschaft einer anderen Firma geplant hatte, bekamen sie nicht genügend Spieler zusammen, so dass Herr U. gebeten wurde, ausnahmsweise mitzuspielen.

Herr U. war alles andere als begeistert und wollte eigentlich schon absagen. Dann stieg in ihm aber so etwas wie eine Eingebung auf, die ihm sagte: »Das kannst du nicht machen!« So erklärte er sich dann widerwillig bereit, an dem Spiel teilzunehmen.

Während des Spiels zog er sich eine schwere Knieverletzung zu, die eine Operation sowie einen mehrwöchigen Krankenhausaufenthalt erforderlich machte. Peter U. war völlig frustriert und verfluchte seine Entscheidung, mitgespielt zu haben.

Nach der Entlassung aus dem Krankenhaus stand eine mehrwöchige Rehabilitationsmaßnahme an.

Für die zwei Jahre jüngere Anna B. stand ebenfalls eine Reha-Maßnahme an. Sie war sehr enttäuscht, dass ihre Krankenkasse sie nicht in die Klinik schickte, die sie sich aufgrund der Empfehlungen mehrerer Bekannter ausgesucht und als Wunsch angegeben hatte, so dass sie eigentlich schon auf die Heilbehandlung verzichten wollte.

Doch in der folgenden Nacht hatte sie einen Traum: In diesem sah sie ihre vor Jahren verstorbene Großmutter, die an sie herantrat und mehrmals kräftig nickte. Als Anna am nächsten Morgen aufwachte, konnte sie sich noch bestens an diesen merkwürdigen Traum erinnern. Das Nicken ihrer Großmutter deutete sie als Rat, den Vorschlag der Krankenkasse anzunehmen.

So kam sie schließlich in die gleiche Einrichtung, in der auch Peter U. war. Die beiden lernten sich hier kennen und waren sich gleich sehr sympathisch.

Aus der Sympathie wurde schnell Liebe. Mittlerweile sind die beiden glücklich verheiratet und haben drei Kinder.

2. Fall

Der 30-jährige Herr P. war ein sehr schüchterner und kontaktscheuer Mann. Er litt sehr darunter, dass er keine Freundin und auch kaum Freunde hatte. Als er eines Tages seinen Briefkasten leerte, sah er, dass in diesem wieder einmal nur Werbeprospekte waren. Wie üblich wollte er sie gleich ungelesen entsorgen.

Doch dann konnte er nicht anders, als sich einen der Prospekte genauer anzuschauen. Es war, wie wenn irgendetwas in ihm ihn dazu regelrecht aufgefordert hätte. Der Prospekt kam von einer Tanzschule, die um neue Mitglieder warb.

Zu seiner eigenen Überraschung meldete er sich ein paar Tage später in der Tanzschule an. Der Kontakt mit den Damen, die er nun beim Tanzen kennenlernte, tat ihm sehr gut und machte ihn immer selbstsicherer. Schon nach einigen Wochen war er wie verwandelt.

Jetzt fasste er sogar den Mut, eine Arbeitskollegin, die er schon lange heimlich angebetet hatte, in ein Café einzuladen.

Die beiden wurden später ein Paar.

3. Fall

Obwohl Hauke B. schon fast vierzig Jahre alt war, lebte er immer noch mit seiner Mutter im elterlichen Haus. Das Haus lag sehr einsam am Rande eines großen Waldgebietes. Bis zum nächstgelegenen Haus dürften es wohl einige Hundert Meter gewesen sein.

Obwohl man ihm gewiss nicht nachsagen konnte, er hätte sich nicht darum bemüht, hatte er immer noch nicht die Frau fürs Leben gefunden. Auch wenn Hauke manchmal etwas traurig war, dass er immer noch keine Frau gefunden hatte, so war er doch mit sich und seinem Leben rundum zufrieden.

Zu seinen festen Gewohnheiten gehörte es, dass er jeden Freitag Abend um 20 Uhr in die Dorfwirtschaft ging, wo er sich mit Bekannten zum Kartenspielen traf. Seit nahezu zehn Jahren dürfte wohl kein Freitag ins Land gezogen sein, an dem er nicht zum Kartenspielen beim Wirt gewesen war.

An einem Freitag im Juni freute sich Hauke schon auf den Abend im Wirtshaus. Als er sich gerade anschickte, das Haus zu verlassen, war ihm, wie wenn ihn jemand festhalten wollte. Er glaubte zunächst, es sei seine Mutter. Doch die war schon zu Bett gegangen. Dann vernahm er so etwas wie eine innere Stimme, die ihm sagte: »Gehe heute nicht fort!«

Auch wenn Hauke nicht verstand, was geschehen war, befolgte er den Rat und blieb daheim. Er setzte sich in die Stube und las in einem Buch.

Kurze Zeit später kam ein heftiger Wind auf, und es begann zu regnen. Aus dem Regen wurde innerhalb von Minuten ein Wolkenbruch. Es blitze und donnerte. Hauke schaute aus dem Fenster. Es war stockdunkel, obwohl es gerade einmal kurz nach 19 Uhr war. So hatte er sich in seinen Kindertagen immer den Weltuntergang vorgestellt.

Als er sich soeben wieder in seinem Sessel niederließ und ein wenig lesen wollte, klingelte es. Eine junge Frau stand ganz aufgeregt an der Tür und flehte: »Ich kann bei diesem Wetter unmöglich weiterfahren. Man sieht ja nicht einmal die Hand vor den Augen. Dürfte ich wohl für kurze Zeit in ihr Haus kommen, bis das Unwetter sich gelegt hat?« Hauke war sich seiner Christenpflicht bewusst und bat die junge Dame einzutreten.

Die beiden ließen sich in der Stube nieder und tranken Tee. Erst jetzt merkte Hauke, wie hübsch und anmutig die junge Dame war. Er empfand sie als überaus anziehend.

Irgendwie hatte er das Gefühl, sie schon seit langer Zeit zu kennen. Aber er war sich ganz sicher, dass das nicht möglich sein konnte. Die junge Dame empfand ebenfalls sogleich große Sympathie für ihren Gastgeber. So fiel es den beiden auch nicht schwer, miteinander zu plaudern. Als sie sich dann, nachdem sich das Unwetter längst verzogen hatte, von ihm verabschiedete, waren fast drei Stunden wie im Fluge vergangen. Die beiden kamen überein, sich am folgenden Sonntag wieder zu treffen.

Aus dieser ›Zufallsbekanntschaft‹ wurde schon nach kurzer Zeit eine innige Liebesbeziehung. Hauke hatte endlich die Frau fürs Leben gefunden.

4. Fall

Kurz nachdem Günter D. sein Ingenieurstudium abgeschlossen hatte, bewarb er sich bei mehreren Firmen. Zwei der Unternehmen waren bereit, ihn einzustellen.
   Die Entscheidung war für Herrn D. nicht schwer. Alle Kriterien sprachen für eine der beiden. Dennoch vernahm er ein sonderbares Gefühl, doch bei der anderen anzufangen. Entgegen allen objektiven Kriterien unterschrieb er dann tatsächlich bei dieser Firma.

Dort arbeitete ein Ingenieur, mit dem er sich schon schnell anfreundete. Die beiden gründeten einige Jahre später ein eigenes Ingenieurbüro.

Die Firma floriert heute. Beide, die längst dicke Freunde sind, gehen ganz in ihrer Tätigkeit auf.

Ein solcher Impuls, eine solche ›innere Stimme‹, die einen Menschen veranlasst, etwas zu tun, was er ohne diese Eingebung nicht getan hätte, muss allerdings nicht *unbedingt* von dem Engel herrühren. Auch die Verstorbenen, die uns im Leben nahestanden, mit denen wir karmisch verbunden sind, können auf die skizzierte Weise wirken. Man sollte sich die Sache aber nicht so vorstellen, dass es sich *immer* und *ausschließlich* um das Einwirken unseres Engels oder eines Verstorbenen handelt, wenn wir in eine Situation geraten, die für uns karmisch notwendig ist, wenn wir also etwa den

Menschen begegnen, die wir treffen müssen. So sind es beispielsweise auch unsere *Neigungen*, die wir als eine karmische Wirkung mit ins Leben gebracht haben, durch welche die *Gelegenheiten* herbeigerufen werden, die unser Schicksal bilden können. Das kann einem durchaus plausibel erscheinen, wenn man bedenkt, wie stark es doch von unseren Neigungen oder Interessen abhängig ist, mit welchen Menschen wir verkehren, wie wir mit ihnen umgehen, welche Orte oder Veranstaltungen wir aufsuchen usw.

Jeder Mensch bringt einen unbewussten Drang mit ins Erdenleben, sein Karma ausleben zu können. Dieses unbewusste Gefühl kann als ›spiritueller Hunger‹ bezeichnet werden.[4] Dieser Hunger drängt ihn unbewusst in die Situationen, die ihn zu karmisch notwendigen Ereignissen, Erlebnissen oder Erfahrungen führen können. Der Engel braucht also häufig nur noch einen ganz kleinen Anstoß zu geben.

7.1.2 Die Engel helfen den Menschen, ihre Lebensaufgabe zu erkennen und zu ergreifen

Zu den vielen Tätigkeiten, die für einen Menschen anstehen, wenn er sich im Leben nach dem Tod auf eine neue Geburt vorbereitet, gehört auch, dass er den Entwurf seines neuen Lebens – zumindest in groben Zügen – ›plant‹. Die Seele ist jetzt natürlich viel weiser als im Erdenleben. Sie weiß nun, was im letzten Leben nicht so gut gelaufen ist und wird ernsthaft bestrebt sein, in der neuen Inkarnation solches zu erleben und zu erfahren, was zu einer positiven Weiterentwicklung führen kann. Die Seele weiß nun insbesondere, welche Erlebnisse sie haben und welche Erfahrungen sie machen muss, um etwa ihre alten Verschuldungen karmisch ausgleichen und um in ihrer Evolution voranschreiten zu können. Sie nimmt sich auch vor, ihrem neuen Leben ein ganz bestimmtes Ziel zu geben. Sie stellt sich eine Aufgabe, die sie erfüllen muss und auch erfüllen *will*, um in ihrer geistig-seelischen Entwicklung vorwärts zu kommen. Diese Aufgabe nennt man »Lebensaufgabe« oder »Sendung«. Das Karma beinhaltet dann auch diese Lebensaufgabe. *»Denn eine*

Lebensaufgabe ist eine Schicksalsfügung des Menschen, sie ist der karmische Kern der Individualität für das vorliegende Leben und birgt alle Schicksalsbeziehungen zu jenen Menschen, die mit dieser Lebensaufgabe zu tun haben.«[5]

Der Normalfall dürfte wohl der sein, dass es um mehrere Aufgaben geht, wobei häufig eine als *zentrale* Sendung bezeichnet werden kann.

Wie könnte eine solche Aufgabe aussehen? Nun, das lässt sich so pauschal kaum beantworten. Fest stehen dürfte, dass diese Aufgaben individuell sehr verschieden sind. Sie müssen ganz genau auf die Bedürfnisse der einzelnen Seele zugeschnitten sein. Sie müssen so gestaltet sein, dass ihre Erfüllung diese individuelle Seele weiterbringt und vielleicht sogar zum Segen vieler anderer Menschen werden kann. Wenn mehrere Menschen ein fremdes Land bereisen, so stellen sich diese auch völlig unterschiedliche Aufgaben, was sie in diesem Land zu tun gedenken, Aufgaben, die ihren individuellen Interessen, Neigungen und Bedürfnissen, aber auch ihren spezifischen Fähigkeiten entsprechen oder ein bestimmtes Ziel erreichen lassen. Der eine nimmt sich vielleicht vor, viel zu fotografieren oder zu filmen, um nach seiner Rückkehr das Gesehene den Daheimgebliebenen vorführen zu können. Ein anderer setzt sich zum Ziel, seine Sprachkenntnisse aufzufrischen oder zu vertiefen. Wieder ein anderer möchte vielleicht Land und Leute kennen lernen.

Bei den Lebensaufgaben muss es gewiss nicht immer um die ganz großen, heroischen Taten gehen. Es muss nicht unbedingt darum gehen, dass sich die Seele vornimmt, im Bereich der Wissenschaften Großes zu leisten oder daran mitzuwirken, das viele Elend dieser Welt zu lindern. Die Aufgaben müssen zu dem passen, was die Seele sich bisher an Erfahrungen und Reife erworben hat. Die meisten Seelen sind noch nicht so weit, dass sie bereit wären, sich in einem Leben ganz in den Dienst der Menschheit zu stellen, wie es beispielsweise eine *Mutter Teresa* oder ein *Albert Schweitzer* getan haben. Umgekehrt kann es sicherlich für eine Seele auch keinen Sinn ergeben, sich auf einem Gebiet – zum Beispiel einer bestimmten Kunstrichtung – auszuleben, wenn sie dies in früheren Inkarnationen schon getan hat. Diese Erfahrungen hat sie schon gesammelt. Eine neuerliche intensive Beschäftigung mit diesem speziellen Bereich würde diese Seele vermutlich nicht mehr weiterbringen. Natürlich muss eine Lebensaufgabe auch karmisch passend sein. Es kann nur etwas fortgeführt werden, was in einer früheren Inkarnation veranlagt wurde. Im Extremfall kann es für eine Seele in einem Erdenleben sogar im Wesentlichen nur darum gehen, eine ganz bestimmte gravierende karmische Schuld abzutragen.

Für eine Durchschnittsseele sind es eher die kleinen, unauffälligen Dinge, die sie sich zur Aufgabe macht. Ein Mann, der sich im Übrigen nicht sonderlich mit esoterischen Themen befasst, erzählte einmal, dass er in seinem Beruf schon bei vielen Firmen gearbeitet habe. In jeder Firma habe er sehr gute Leistungen erbracht. Er sei immer davon überzeugt gewesen, viel besser und fähiger als seine Kollegen und einige seiner Vorgesetzten gewesen zu sein. Dennoch habe man ihn immer übergangen, wenn Beförderungen anstanden. Abschließend meinte er: »Ich glaube, ich bin wohl dazu bestimmt, unten zu bleiben und das zu tun, was andere mir auftragen.« Möglicherweise hat dieser Mann seine Lebensaufgabe messerscharf erkannt. Vielleicht war er in früheren Leben eine sehr dominante Führernatur, so dass er in diesem die Erfahrung eines sich unterordnenden Menschen, eines Dieners machen muss.

Lebensaufgaben müssen auch keineswegs eine ganz klar umrissene Struktur aufweisen. Sie sind schließlich keine Klassenarbeiten oder Klausuren. So ist es durchaus denkbar, dass eine Seele sich bisher vorwiegend in geordneten, überschaubaren Verhältnissen verkörpert hat. Sie nahm dabei eine menschliche Persönlichkeit an, die ihr privates und berufliches Leben im Griff hatte, die alles auf die Reihe bekam. Damit diese nun auch einmal die andere Seite der Medaille erfahren kann, könnte sie sich die Aufgabe gestellt haben, in ein Leben einzutauchen, in dem es eher chaotisch zugeht, in dem sie nicht alles in den Griff bekommen kann. Um ein Beispiel zu haben, könnte man da an eine alleinerziehende Frau denken, der die Arbeit, die ihr ihre Kinder und ihr Haushalt machen, über den Kopf zu wachsen droht. Auch so etwas Banales kann sehr wohl eine Lebensaufgabe sein.

Wenn der Mensch dann wieder ins Erdenleben schreitet, stellt sich das schon bekannte Problem: Er kann sich nicht mehr an das erinnern, was er sich im Vorgeburtlichen vorgenommen hat. Er weiß nichts mehr von seiner Lebensaufgabe, die er sich gemeinsam mit seinem Engel und weiteren Wesen der höheren Engelreiche vorgenommen hat. Jetzt gehört es wieder zu den Intentionen seines Engels, ihn daran zu ›erinnern‹.

Auch hier mögen zwei Fallstudien das Gemeinte verdeutlichen.

1. Fall

Die ledige Petra Sch. arbeitete schon über 20 Jahre als Sekretärin in einer großen Versicherungsagentur. Der Job war ihr zwar nicht zuwider, er füllte sie aber keineswegs aus. Immer wieder zerbrach sie sich den Kopf, was sie über ihren Job hinaus noch Sinnvolles tun könnte. Sie hatte aber keine rechte Idee.

Dann rollte die erste Flüchtlingswelle über Deutschland. Petra pflegte schon seit Jahren keine Zeitung mehr zu lesen. Als sie eines Tages im Park spazieren ging, sah sie auf einer Bank eine herrenlose Zeitung liegen. Irgendetwas in ihr schien sie aufzufordern, diese näher anzuschauen. Sie setzte sich auf die Bank und blätterte lustlos in dem Blatt. Schon nach kurzer Zeit blieb ihr Blick an einem Artikel haften. In diesem wurde berichtet, dass die evangelische Kirchengemeinde ihrer Stadt Ehrenamtliche suchte, die die Flüchtlinge in der deutschen Sprache unterrichten. Sofort war ihr klar, dass das eine Aufgabe sein könnte, nach der sie so lange gesucht hatte.

Seitdem gibt sie an drei Abenden der Woche Deutschunterricht und hilft den Flüchtlingen auch auf vielen anderen Ebenen, um sie bei ihrer Integration bestmöglich zu unterstützen. Sie geht ganz in dieser Tätigkeit auf.

Ein besonders markantes Beispiel dafür, dass bei manchen Menschen diese Erinnerung an die im Vorgeburtlichen gestellte Lebensaufgabe bis an die Grenze des Bewusstseins gespült wird, soll aus dem Buch »*Was Engel uns heute mitteilen wollen*« von *Irene Johanson* zitiert werden:

2. Fall

»*Das Kind einer bürgerlichen Familie wurde von einem christlichen Priester getauft, der ein bekannter Indologe und ein Kenner des Buddhismus war. Nach der Taufe sagte er zu den Eltern: ›Dieses Kind wird einmal eine Brücke bauen zwischen Ost und West.‹ Es war der einzige Sohn seiner Eltern, und es war ihnen gar nicht angenehm, sich vorzustellen, dass ihr Kind womöglich einmal sehr weit von ihnen entfernt leben würde. Sie sagten dem Knaben darum nichts von den Worten des Priesters.*

Als das Kind mit fünf Jahren im Gespräch der Erwachsenen das Wort ›Japan‹ auffing, rief es : ›Japan, da bin ich zuhaus’.‹ Der Vater meinte nur, er wisse doch gar nicht, wo Japan liege. Das irritierte den Knaben, und er sagte nichts mehr. Aber mit 13 Jahren begann er, Japanisch zu lernen. Nach dem Abitur bekam er in Bonn eine Anstellung an der japanischen Botschaft. Er fuhr zum ersten Mal nach Japan und merkte gleich, wie wahr sein Wort aus Kindermund gewesen war. Er wurde der erste europäische Meister in der zenbuddhistischen Teezeremonie. Er kam nach Deutschland zurück und teilte seinen Eltern mit, dass er den Ruf an die Waseda-Universität in Tokio angenommen habe, um dort als Deutschprofessor bis zu seinem 70. Lebensjahr zu wirken. Erst auf dem Bahnhof beim Abschied von seinen Eltern erzählten ihm diese, was der Priester nach seiner Taufe zu ihnen gesagt hatte.

Nun begann sich das Schicksal zu erfüllen, und der junge Mann fühlte sich ganz und gar identisch damit. Er verband sich tief mit der japanischen Kultur und mit den Wurzeln dieses Volkes. Er

war wohl selber als Individualität schon mit diesen Wurzeln ver-
bunden gewesen. In diesem Leben vermittelte er dem japani-
schen Wesen ein Christentum, das die spirituellen Tatsachen, die
im Buddhismus leben, einbezieht. Und Europäern vermittelte er
einen Buddhismus, der sich seit Buddhas Zeiten im Sinne des
Christuswirkens weiterentwickelt hat. Er wurde als überzeugter
Christ buddhistischer Priester. Darin erlebte er seine Identität,
die schon bei seiner Taufe vom Taufenden wahrgenommen wor-
den war. Die Engelsführung geht über alle konfessionellen Gren-
zen hinaus. Das war die unausgesprochene Botschaft dieses Er-
denlebens.«[6]

7.1.3 Die Engel beschützen die Menschen

Wir wollen nun auf die in weiten Kreisen wohl bekannteste Aufgabe der Engel zu sprechen kommen, die zu dem geläufigen Begriff
»Schutzengel« geführt hat.

Dieser Schutzengel ist natürlich kein anderer als unser persönlicher Engel, der uns permanent begleitet und der uns von Inkarnation zu Inkarnation führt.

Selbstverständlich gehört die Tatsache, dass Engel die Menschen
beschützen, auch zum Glaubensgut der katholischen Kirche. Im
Katechismus heißt es:»*Von seinem Beginn bis zum Tod umgeben*
die Engel mit ihrer Hut und Fürbitte das Leben des Menschen.
Einem jeden Gläubigen steht ein Engel als Beschützer und Hirte zur
Seite, um ihn zum Leben zu führen.«[7] In der katholischen Kirche
gibt es sogar ein »Schutzengelfest«, das an jedem 2. Oktober
gefeiert wird. Die Verehrung der Schutzengel hat sich vor allem
im 15. und 16. Jahrhundert stark verbreitet. Im Jahre 1670 hat
Papst *Klemens X.* das Schutzengelfest für die ganze Kirche fest-
geschrieben und auf den 2. Oktober gelegt.

Das Urbild einer Schutzengeltat finden wir im Evangelium. Ein
Engel des Herrn erscheint dem Josef im Traum und fordert ihn auf,

mit dem Kind und seiner Mutter nach Ägypten zu fliehen.[8] Hätte der Engel diese Anweisung nicht erteilt, wäre das Jesuskind, über das Matthäus schildert, mit hoher Wahrscheinlichkeit dem von König Herodes angeordneten Kindermord zum Opfer gefallen. Dann wäre das wichtigste Ereignis der Welthistorie, die Liebes-Opfer-Tat auf Golgatha, nicht zustande gekommen, was dramatische Folgen für die Menschheit zur Folge gehabt hätte.

In der Bibel gibt es weitere Hinweise, die auf die schützende und behütende Aufgabe der Engel hinweisen. So heißt es etwa im Psalm 91: *»Denn er befiehlt seinen Engeln, dich zu behüten auf all deinen Wegen.«*[9]

Es ist natürlich eine grobe Unwahrheit, wenn im Katechismus behauptet oder zumindest angedeutet wird, dass nur *gläubigen* Menschen ein solcher Engel zugeteilt sei. *Jeder* Mensch – auch ein Atheist und selbst der böseste Mensch – hat seinen persönlichen Engel, der in gewisser Weise immer an seiner Seite ist. Es entspricht ebenfalls nicht der Wahrheit, dass der führende Engel seinen Menschen nur in der Zeit zwischen Geburt und Tod zur Seite steht. Vielmehr ist unser Engel bei uns, seit wir in urferner Vergangenheit im lemurischen Hauptzeitalter (☞ Kapitel 4 und ☞ Anhang, Tabelle 3, S. 171) unser erstes Erdenleben angetreten haben, und er wird so lange bei uns sein, bis wir in urferner Zukunft keiner weiteren Inkarnation mehr bedürfen. Er weicht *nie* von unserer Seite – unabhängig davon, ob wir gerade verkörpert sind oder ob wir uns im Leben zwischen Tod und neuer Geburt befinden.

Dass der Schutzengel den ihm zugeteilten Menschen nicht vor *allem* Unheil bewahrt, liegt auf der Hand. Wie könnte man sonst eine Erklärung dafür finden, dass so viele Menschen Schlimmes und Schlimmstes ertragen müssen. Etliche Zeitgenossen, die sehr unangenehme Erlebnisse haben und schwere Schicksalsschläge ertragen müssen, zweifeln an der Existenz ihres Schutzengels. »Mein Engel hat mich nicht vor diesem Unglück bewahrt. Er hat mir nicht geholfen. Vermutlich gibt es ihn gar nicht!«, kann man immer wieder hören.

Es ist natürlich eine höchst naive Vorstellung, dass die Engel ein Interesse daran haben könnten, die Menschen vor *allem* zu bewahren, was diese als schmerzlich oder zumindest als höchst unerfreulich empfinden. Wenn wir Menschen nur immer Erfreuliches und Angenehmes erleben würden, so kämen wir in unserer geistig-seelischen Entwicklung niemals voran. Ähnlich wie ein Kleinkind immer wieder hinfallen oder sich an etwas stoßen muss, um sein Ich-Bewusstsein entwickeln zu können, brauchen auch Erwachsene Widerstände, an denen sie reifen können. Jeder Mensch bringt sein ganz individuelles Karma bzw. Schicksal in sein Erdenleben mit, das nicht zuletzt eine Folge bzw. Konsequenz seiner früheren Inkarnationen darstellt. Dieses Schicksal will angenommen und gelebt werden, weil es den Menschen in seiner Entwicklung vorwärtsbringt.

Nun kann auch verständlich werden, warum ein Engel nicht in allen Fällen schützend eingreift. Der Engel weiß natürlich, welche Schicksale für den ihm zugeteilten Menschen notwendig sind. Würde er nun den Menschen etwa vor einem Unglück bewahren, das in seinem Karma begründet ist, so würde er ja in höchstem Maße gegen die Interessen seines Schützlings handeln. Er würde ihm die Möglichkeit entziehen, etwas für ihn höchst Fruchtbares und Förderliches zu erleben. Es mag für viele wie ein Hohn klingen, dass ein Unglück etwas Fruchtbares sein kann. Das liegt aber einzig und allein daran, dass unser Bewusstsein, das wir im Erdenleben haben, viel zu beschränkt ist.

Der führende Engel würde sich grundsätzlich nicht einmischen, wenn es um eine Handlung oder Entscheidung geht, die im Bereich dessen liegt, was wir erkennen, in seinen Auswirkungen überblicken und über das wir selbst vernünftig nachdenken und entscheiden können. Sie kennen sicher den Spruch »Fahre nie schneller, als dein Schutzengel fliegen kann«, den man auf vielen Autoaufklebern sieht. Auch wenn dieser Spruch gewiss spaßig gemeint ist, so enthält er doch mehr als nur ein Körnchen Wahrheit. Wenn wir viel zu schnell, leichtsinnig und unvorsichtig fahren, so kann uns bewusst sein, dass dadurch die Gefahr eines Unfalls sehr hoch ist. In einem solchen Fall wird unser Engel *im Allgemeinen* nicht eingreifen, da uns die möglichen Auswirkungen bekannt sind.

Unser Engel greift nur dann ein, wenn es außerhalb unserer Seelenkräfte liegt, die Folgen zu überschauen. Aber auch dann führt er auf eine äußerst zarte und subtile Weise, so dass es jederzeit möglich ist, sich gegen seine ›Eingebungen‹, die man etwa als Gedanken, Gefühle, Ideen, Traumbilder oder Stimmen empfängt, zu entscheiden oder – was leider häufig vorkommt – sie gar nicht erst wahrzunehmen.

Viele Menschen verlieren spätestens dann den Glauben an ihren Schutzengel – und manchmal auch an Gott –, wenn sie ein schwerer Schicksalsschlag ereilt. In einem solchen Fall sollte man sich zunächst einmal klarmachen, dass es gute Gründe hatte, dass der Engel es nicht verhindert hat – auch wenn es meistens schwer einzusehen ist. Aber auch dann hilft er dem Menschen. Er kann ihm die Kraft und die Stärke geben, das Schicksal anzunehmen und ertragen zu können. Vielfach ist es so, dass er ihm andere Menschen schickt, die ihm wieder Hoffnung und Lebensfreude schenken können. Manchmal macht er diese Menschen auch auf Bücher aufmerksam, aus denen sie neuen Mut ziehen können.

Die folgenden vier Fallstudien zeugen von Situationen, in denen der Schutzengel einen Menschen vor Unheil bewahrt oder ihm zumindest sehr geholfen hat.

1. Fall

Herr M. saß am Steuer seines Autos, mit dem er in angemessener Geschwindigkeit über eine Landstraße fuhr. Weit und breit war kein anderes Fahrzeug zu sehen. Die Straßen- und Witterungsverhältnisse mahnten ebenfalls nicht zu besonderer Vorsicht.

Plötzlich durchzuckte Herrn M. ein ›Impuls‹, der ihm einzugeben schien, langsamer zu fahren. Obwohl es keine erkennbare Veranlassung gab, trat er leicht auf die Bremse. Unmittelbar danach sah Herr M., dass wenige Meter vor ihm ein Auto aus einem kleinen Seitenweg, den er vorher nicht sehen konnte, ohne auf die Vorfahrt zu achten, in die Hauptstraße einbog, auf der er fuhr.

Hätte Herr M. nicht leicht gebremst, wäre er voll mit diesem Fahrzeug kollidiert!

2. Fall

Die US-Amerikanerin Mrs. B. war zehn Tage in England geschäftlich unterwegs. Nach Abschluss ihrer Tätigkeit wollte sie wieder in ihre Heimat zurückfliegen.

An der Gepäckabgabe des Flughafens gab sie ihren großen Koffer auf. Einen mittelgroßen Koffer sowie ihre Handtasche wollte sie mit an Bord nehmen.

Als sie schon auf dem Weg zum Gate war, trat ein älterer, etwas sonderbar wirkender Mann auf sie zu und sagte: »That's not a good idea!« Dann ging der Mann wieder seines Weges, ohne auf eine Reaktion der Frau zu warten.

Mrs. B. dachte: »Was meint der Kerl? Was ist keine gute Idee?« Dann fiel ihr Blick auf ihren Koffer. »Vermutlich meinte er, dass es keine gute Idee sei, den Koffer mit an Bord zu nehmen. Nun ja, die Gepäckfächer im Flieger sind ja nicht sehr groß. Vielleicht passt er nicht hinein.«

So ging sie noch einmal zur Gepäckabgabe, um auch diesen Koffer aufzugeben.

Da sich das ein wenig hinzog, verpasste sie ihren Flieger und war natürlich ziemlich wütend, zumal an diesem Tag keine weitere Flugverbindung möglich war. So blieb sie noch eine Nacht in London.

Am nächsten Tag erfuhr sie, dass die Maschine, die sie nehmen wollte, über dem Atlantik abgestürzt war und dass die meisten Passagiere ums Leben gekommen waren.

3. Fall

Frau St. litt seit Jahren an heftigen Kopfschmerzattacken, die sie nahezu täglich plagten. Die Ärzte konnten die Ursache trotz verschiedener Diagnoseverfahren nicht herausfinden. Die verordneten Therapiemaßnahmen sowie die Schmerzmittel brachten keinen nennenswerten Erfolg.

An einem Sonntag fuhr Frau St. mit dem Zug zu ihrer Schwester, die gut 100 km von ihr entfernt wohnte. Den Zug, den sie nehmen wollte, verpasste sie knapp, so dass sie fast eine Stunde warten musste, bis sie den nächsten nehmen konnte. Üblicherweise setzte sie im Zug immer Kopfhörer auf, um Musik zu hören. Doch an diesem Tag entschied sie sich anders.

So konnte sie ein Gespräch mitbekommen, das zwei Damen, die hinter ihr saßen, führten. Schnell bekam sie mit, dass eine der beiden Damen an ähnlichen Symptomen gelitten hatte wie sie. Frau St. spitzte die Ohren und hörte, wie diese Dame sagte: »Vor einigen Monaten war ich erstmals bei einem Heilpraktiker in H. Er heißt F. Er hat das Problem in den Griff bekommen. Heute habe ich kaum noch Beschwerden.«

Gleich in der nächsten Woche ließ sich Frau St. bei Herrn F. einen Termin geben. Die Behandlung schlug an. Schon nach der dritten Therapiesitzung nahmen Häufigkeit und Intensität ihrer Schmerzattacken deutlich ab.

Wenn man an den Anschlag auf das World Trade Center am 11. September 2001 denkt, so gab es Dutzende, vielleicht sogar Hunderte von Menschen, die an diesem Tag aus zum Teil sehr merkwürdigen Gründen nicht zur Arbeit in diesem gigantischen Bürokomplex erschienen sind und somit nicht zu Tode kamen. Einige dieser Fälle sind im Internet dokumentiert. Ein besonders eindrucksvoller Fall, der deutlich zeigt, wie manchmal sogar eine ganze Reihe *scheinbar* zufälliger und oftmals ganz banaler Ereignisse eintreten *muss*, damit einem Menschen ein karmisch nicht notwendiges Schicksal erspart bleiben kann, soll hier geschildert werden.

4. Fall

Mr. M. sollte pünktlich um 9.45 Uhr im WTC an einer Verhandlung über Schuhkäufe teilnehmen. Üblicherweise ist Mr. M. ein sehr gewissenhafter Mann. Er kommt nie zu spät und so sollte es auch an diesem Tag sein.

Er stand sehr früh auf und da er sich gerne etwas Zeit nahm für seine Toilette und sich gerne ausgiebig vorbereitete, war er auch an diesem Morgen sehr früh mit seiner Toilette fertig. Doch an diesem Morgen fand er seinen linken Schuh nicht, der war einfach weg. Dann stellte er fest, dass sich ein Eichhörnchen gerade an den Schnürbändern seines Schuhes vergnügte. Er fand das Tier an seinem Schuh nagend im Schlafzimmer. Es war durch das offene Fenster eingedrungen. Die Jagd nach dem Tier und das Suchen nach passenden, neuen Schnürsenkeln hatten Mr. M. 25 Minuten seiner Zeit gekostet.

Er rief ein Taxi an, das ihn üblicherweise zur Arbeit brachte. Doch wenig später rief das Taxi-Unternehmen zurück und bat ihn, die Subway zu nehmen. Das Taxi, das unterwegs war, hatte Probleme mit dem Kühler und sei liegen geblieben. Also eilte er zur Subway-Station. Auf halbem Wege bemerkte er, dass er seine Papiere liegen gelassen hatte. Also lief er zurück.

Normalerweise wäre er zu diesem Zeitpunkt schon im WTC gewesen, um sich auf die Sitzung vorzubereiten. Er rief seine Sekretärin an, um ihr mitzuteilen, dass er sich verspäten würde und um sie zu bitten, ihn bei seinen Verhandlungspartnern zu entschuldigen.

In diesem Augenblick stürzte das erste Flugzeug ins WTC...[10]

Wenn Sie einmal die Muße haben, können Sie sich ja vielleicht die Zeit nehmen und darüber sinnieren, in welchen Situationen *Ihres* Lebens *Ihr* Engel inspirierend eingegriffen haben könnte. Das können durchaus Ereignisse sein, bei denen Sie sich seines Wirkens nicht bewusst waren.

7.1.4 Besondere Aspekte des Engelwirkens

Wir müssen noch einen Blick auf zwei besondere Aspekte richten, die verdeutlichen können, wie der Engel seinen Menschen führt und woher er wissen kann, welche Gefahren seinem Schutzbefohlenen drohen.

7.1.4.1 Wie führt ein Engel den Menschen?

Vielleicht ist zwischen den Zeilen schon ein wenig deutlich geworden, dass ein Engel den ihm zugeordneten Menschen in einer sehr unterschwelligen Weise führt, so dass die meisten Menschen sich dieser Führung gar nicht bewusst werden.

Wenn man auf sein Inneres sorgfältig achtgibt, ist es vielleicht gar nicht einmal ganz so schwierig, das Wirken seines Engels zu bemerken. Es gibt besondere Situationen im Leben, in denen man etwas wahrnehmen kann, was man üblicherweise nicht wahrnimmt. Wir wollen es zunächst einmal ganz pauschal ein ›Etwas‹ nennen. Dieses Etwas kann ein Gedanke, eine Idee, ein Geistesblitz oder ein Impuls sein, der einem empfiehlt, etwas bestimmtes zu tun oder zu unterlassen. Oft nimmt man es auch als ein Gefühl oder eine Empfindung wahr, die sich von den Gefühlen und Empfindungen, die man gewöhnlich hat, unterscheiden, die eine ganz andere Qualität und Intensität haben. Diese Eingebungen kommen fast immer ganz urplötzlich und unvermittelt und haben meistens mit dem, was man gerade gedanklich bewegt hat, nichts zu tun. Manchmal erscheinen sie einem sogar unsinnig oder zumindest unlogisch zu sein. Sie können aber eine solche Kraft und Eindringlichkeit haben, dass man sie meistens befolgen wird. Diese Impulse können auch im Traum in bildhaft verschleierter Form auftauchen. Charakteristisch für solche Träume ist, dass man sich am nächsten Tag noch gut an sie erinnern kann und dass sie einen nicht loslassen wollen. Man ahnt häufig, dass in diesen Träumen eine verschlüsselte Botschaft enthalten war, die man allerdings oftmals nicht zu verstehen vermag.

Ein einfaches gleichnishaftes Beispiel aus dem Erdenleben kann vielleicht verdeutlichen, wie unser Engel uns etwa dabei unterstützt, unsere Lebensaufgabe erkennen und ergreifen zu können.

Stellen Sie sich einen Mann vor, der nach reiflicher Überlegung den Entschluss gefasst hat, in seiner Heimat alle Zelte abzubrechen, um in einem fremden Land neu anzufangen. Sein Plan ist es, sich dort ein Häuschen zu kaufen und Schafe zu züchten.

Nun hat der Mann aber ein Problem: Sein Kurzzeitgedächtnis ist nicht das beste. Er vergisst viele Dinge wieder sehr schnell – so wie das etwa bei einer beginnenden Demenz der Fall sein kann. Jetzt kommt er in dem fremden Land an. Er kann sich aber gar nicht mehr so richtig erinnern, was er hier wollte.

Nun gibt es zwei Möglichkeiten: Entweder führt er jetzt ein recht unorientiertes, vielleicht sogar chaotisches Leben und fragt sich andauernd nach dem Sinn seines Aufenthaltes in der Fremde – oder er hat Glück! Das Glück bestünde nun darin, dass er einen Freund zur Seite hat, der ihn immer wieder einmal ganz vorsichtig daran erinnert, welche Ziele er mit seiner Auswanderung verbunden hat.

Der Freund würde ihm aber niemals vorschreiben, was er zu machen hat. Er würde ihn nur ganz behutsam an seine *eigenen* Absichten erinnern und nicht enttäuscht sein, wenn der andere diese Anregungen verwerfen würde.

In eher seltenen Fällen kann der Schutzengel uns auch auf eine etwas ›gröbere‹ Weise einen Wink geben. So gibt es hin und wieder Situationen, in denen ein Mensch von außen – also mit seinen physischen Ohren – eine Stimme hört, die ihn auf etwas aufmerksam macht oder hinweist. Meistens sind das nur wenige Worte, nur ein Satz. Das Gesagte mag dem Betreffenden durchaus sonderbar und ohne einen Zusammenhang mit dem erscheinen, was er gerade in seinem Bewusstsein hat. Es kann nun so sein, dass der ›Sprechende‹ gar nicht zu sehen ist. Manchmal tritt er aber auch in Form eines normalen Menschen auf, der von seinem Engel inspiriert wurde, dem anderen etwas Bestimmtes zu sagen (☛ 2. Fall, S. 135). Womöglich kann sich dieser gar nicht erklären, was und warum er das dem anderen gesagt hat.

7.1.4.2 Woher weiß der Engel, welche Gefahren uns drohen?

Nachdem wir erörtert haben, auf welche Art und Weise ein Engel in unser Leben helfend eingreifen kann, wollen wir uns nun die Frage vorlegen, woher er überhaupt wissen kann, dass uns Gefahren drohen, vor denen er uns bewahren muss und will, weil sie nicht in unserem Schicksal liegen. Kann er in die Zukunft schauen?

Bevor wir diese Frage klären, wollen wir zunächst ein Beispiel aus dem ganz alltäglichen Leben betrachten, welches das, was im Folgenden erläutert werden soll, zumindest vergleichsweise abbildet.

Stellen Sie sich eine Mutter vor, die gerade beobachtet, dass ihr – sagen wir – sechsjähriges Kind auf einen Stuhl gestiegen ist, um mit einem Feuerzeug die Kerzen am Weihnachtsbaum zu entzünden. Innerhalb kürzester Zeit werden der Mutter jetzt einige mögliche Szenarien, also Situationen, die eintreten *könnten*, durch den Kopf schießen: Mein Kind könnte sich die Finger verbrennen. – Es könnte vom Stuhl fallen und sich verletzen. – Der Weihnachtsbaum könnte Feuer fangen. – Das ganze Zimmer könnte in Flammen aufgehen. – usw. Jedes dieser Ereignisse *könnte* eintreten. Die Mutter weiß aufgrund ihrer Lebenserfahrung, was jetzt alles passieren *könnte*, wenn sie ihr Kind gewehren ließe. Wenn sie nun ihrem Kind zutraut, die Kerzen zu entzünden, so wird sie ihm vielleicht sagen, dass es vorsichtig sein soll, es aber nicht von seinem Vorhaben abhalten. Allerdings wird sie in seiner Nähe bleiben, um notfalls helfend eingreifen zu können.

Wenn sie es ihrem Kind nicht zutraut, wird sie es auffordern, von dem Vorhaben abzulassen.

So ähnlich ist das auch im Großen, wenn wir unser Leben mit allem, was wir machen oder unterlassen, betrachten.

Wenn man etwas intimer und genauer auf sein alltägliches Leben schaut, so wird einem aufgehen, wie vielen Erlebnissen und Begebenheiten man Tag für Tag *entgeht*. Jeden Tag erwarten uns unzählige Ereignisse, die eintreten *könnten*. Die meisten treten eben des-

halb nicht ein, weil wir bestimmte Dinge zu ganz bestimmten Zeitpunkten machen, oder aber, weil wir sie unterlassen. Alles, was wir in unserem Leben ganz konkret und höchst real erleben und erfahren, ist nur ein Bruchteil dessen, was wir erleben und erfahren *könnten*. Also, das Spektrum der wirklich in unserem Leben eingetretenen Ereignisse ist geradezu armselig gegenüber der ungeheuren Summe derjenigen, die *möglich* gewesen wären. Wir könnten unendlich viel mehr erleben, als wir letztlich *wirklich* erleben. **»Wenn wir uns ein bißchen mit einem Gefühl davon durchdringen, was für ein kleiner Teil die Welt der physischen Wirklichkeiten von dem ist, was wir erleben könnten, wie unsere Welt der Erlebnisse nur ein herausgeschnittenes Stück der Möglichkeiten ist, dann kann uns das den ungeheuren Reichtum, das Sprudelnde des geistigen Lebens nahelegen, das hinter unserem physischen Leben ist.«**[11]
Wir müssen Tag für Tag tausendfach Entscheidungen treffen! Je nachdem, welche Entscheidung letztlich zum Tragen kommt, erleben wir jeweils *eine* ganz konkrete Wirklichkeit. Oft sind es *scheinbar* recht banale Wahlmöglichkeiten, die wir mehr unbewusst treffen, ohne darüber nachzudenken, wie etwa: Was ziehe ich heute an? Was, wann und wo esse ich heute? Möchte ich mich heute mit meinem Freund treffen oder bleibe ich lieber daheim? Wann und wohin fahre ich heute mit dem Auto? Mache ich jetzt dieses oder jenes?

In den meisten Fällen sind dann unsere tatsächlichen Erlebnisse, die wir aufgrund der von uns gefällten Entscheidung als Wirklichkeit erfahren, nicht sehr viel anders als die, die im Bereich der Möglichkeiten verschleiert bleiben, die wir also nur dann als Wirklichkeit erlebt hätten, wenn wir uns anders entschieden hätten. Aber sie sind anders! Und in manchen Fällen können sie völlig anders – vielleicht sogar dramatisch anders – sein.
Das möge ein einfaches Beispiel verdeutlichen: Stellen Sie sich vor, Sie müssen mit dem Auto irgendwohin fahren. Jeder Augenblick, den Sie früher oder später losfahren, führt Sie in eine andere Wirklichkeit. Das Gleiche gilt, falls Sie irgendeine andere Strecke fahren als die, welche Sie üblicherweise wählen. Fahren Sie etwa –

sagen wir – um 8 Uhr los, geschieht vielleicht nichts Besonderes, nichts Ungewöhnliches. Vermutlich passiert auch nichts Bemerkenswertes, wenn Sie eine andere Startzeit wählen. Dennoch erleben Sie dadurch eine jeweils andere Wirklichkeit, auch wenn diese sich nicht sehr von der unterscheidet, die Sie erleben, wenn Sie um Punkt 8 Uhr starten.

Nun kann es aber durchaus so sein, dass Sie in Abhängigkeit von der Abfahrtszeit oder der gewählten Strecke sehr wohl etwas ganz Besonderes erleben, dass Sie durch diese Konstellation eine Wirklichkeit erleben, die für Sie sehr unangenehm, aber auch sehr erfreulich werden könnte. Starten Sie etwa eine Minute – oder auch vielleicht nur ein paar Sekunden – früher, werden Sie möglicherweise in einen schweren Unfall verwickelt. Fahren Sie eine Minute später, lernen Sie vielleicht einen Menschen kennen, der sich für Ihr weiteres Leben als sehr wichtig erweist. Starten Sie fünf Minuten später, werden Sie vielleicht auf irgendetwas aufmerksam, wodurch sie eine Anregung bekommen, die sich für Sie als sehr wertvoll herausstellt. Wählen Sie für Ihre Fahrt eine andere Strecke, sehen Sie womöglich am Straßenrand einen schwerverletzten Menschen, dem Sie nun helfen und dessen Leben Sie retten können.

Diese Varianten könnte man fast endlos fortsetzen.

Alle diese Möglichkeiten sind in gewisser Weise sehr real. Sie können aber in Abhängigkeit von der Entscheidung, die Sie getroffen haben, nur *eine* als Wirklichkeit erfahren. Alle anderen bleiben Ihnen verborgen. Unser Bewusstseinshorizont ist zu klein, um diese möglichen Konsequenzen zu überblicken. Sie bleiben eine Fiktion.

Nun kommt der Punkt, der für uns Menschen nur sehr schwer zu begreifen ist: Im Bewusstsein der Engel – und auch von vielen verstorbenen Menschen – sind die *möglichen* Ereignisse ebenso ausgebreitet wie die *tatsächlichen*. Diese sind für sie genauso real! Die Engel können sie in vollem Umfang überschauen. Sie können also – um im obigen Beispiel zu bleiben – genauestens überblicken, welche Wirklichkeit Sie in Abhängigkeit von dem Zeitpunkt, zu dem Sie losfahren, sowie der Strecke, die Sie wählen, erleben werden.

Anhand eines konstruierten Beispiels soll das Eingreifen der Schutzengel noch einmal verdeutlicht werden:

Nehmen Sie einmal an, ein Mann hätte sich – wie an nahezu jedem Werktag – dazu entschieden, um Punkt 7 Uhr auf seiner Standardstrecke mit dem Auto zur Arbeit zu fahren. Sein Engel *weiß* nun um zwei wichtige Dinge: Zum einen kennt er die Schicksalsnotwendigkeiten seines Schutzbefohlenen, und zum anderen weiß er, welche Wirklichkeit der Mann erfahren würde, falls er seine Entscheidung in die Tat umsetzt. Nun könnte es beispielsweise so sein, dass er einen schweren Unfall erleidet, durch den er sehr schwer verletzt würde, falls er um Punkt 7 Uhr die gewählte Strecke fahren sollte.

Nun gibt es zwei Möglichkeiten: Es liegt im Schicksal des Mannes, schwer verletzt zu werden. Dann hätte diese Unfallfolge einen guten Sinn für den Mann, auch wenn ein Mensch das kaum verstehen kann. In diesem Fall würde der Engel natürlich nicht eingreifen, damit der Mann sein notwendiges Schicksal leben kann.

Wenn ein solcher Unfall mit seinen Folgen aber nicht zu den Schicksalsnotwendigkeiten des Mannes gehört, wird sein Engel alles tun, um ihn zu verhindern. In diesem Fall hätte er unzählige Möglichkeiten. So könnte er etwa dem Mann den Gedanken einpflanzen, etwas eher oder auch ein wenig später loszufahren. Er könnte ihm die Idee vermitteln, heute mal eine andere Strecke zu wählen. Er könnte dafür sorgen, dass der Mann etwas Wichtiges vergisst, was er kurz nach dem Verlassen des Hauses bemerkt, so dass er noch mal ins Haus zurück muss, um es zu holen. Es gäbe etliche weitere Möglichkeiten, den Unfall und somit die schweren Verletzungen zu verhindern.

Das Schicksal eines jeden Menschen ist verwoben mit denen vieler anderer Menschen. Natürlich muss es in einem solchen Fall wie dem eben geschilderten auch zu den Schicksalsnotwendigkeiten des Unfallgegners gehören, einen Unfall zu erleiden. Da müssen sich also beide Schutzengel in gewisser Weise beraten. Es wäre ja etwa auch denkbar, dass der andere am Unfall Beteiligte sich nicht oder nur leicht verletzt. Dennoch wäre es für ihn ein Schock. Also, es muss alles zusammenpassen, es muss alles sorgfältig aufeinander abgestimmt werden. Man kann sich unschwer vorstellen, welcher Weisheit und Weitsicht solche Planungen bedürfen.

7.1.4.3 Ist die Führung des Engels mit der Freiheit des Menschen vereinbar?

Wenn man alles zusammenfasst, was wir bisher über das Wirken unseres Engels betrachtet haben, so könnte man ihn mit Fug und Recht auch als unseren »Schicksalsführer« bezeichnen.

Es könnte nun jemand zu der Auffassung gelangen, dass wir Menschen dadurch, dass wir von unserem Engel geführt werden, unfrei seien. Wenn es jemand drastisch ausdrücken wollte, so wird er vielleicht sogar sagen, dass wir Menschen wie Marionetten an seinen Fäden hängen, dass wir von ihm dirigiert werden.

Wer zu einer derartigen Meinung tendiert, vergisst etwas ganz Wesentliches, was hier schon angedeutet wurde: Unser Schicksal haben wir uns im Vorgeburtlichen selbst gewählt! In dieser Zeit waren wir um ein Vielfaches weiser, als wir das im Erdenleben jemals sein könnten. Uns war völlig klar, mit welchen Menschen wir zusammenkommen müssen, welche Schicksale wir zu tragen haben und wie unser Leben *in groben Zügen* verlaufen muss. Unserem Erdenleben liegt also ein vorgeburtlicher Entschluss zugrunde, den wir mit Unterstützung unseres Schicksalsführers sowie weiterer geistiger Wesen gefasst haben. Natürlich haben wir unser Leben nicht in allen Einzelheiten geplant. Vielmehr haben wir so etwas wie eine ›Lebensskizze‹ vorgezeichnet. *»Darin mögen die wesentlichen und notwendigen Ereignisse unseres Lebens festgelegt sein – so etwa wie für ein Gemälde eine erste Skizze angelegt wird oder wie man sich für ein wichtiges Vorhaben Leitlinien des Handelns vornimmt.«*[12]

Wenn wir dann im Erdenleben sind, entscheiden wir immer noch selbst, inwieweit wir unser vorgeburtliches Vorhaben umsetzen wollen, wenngleich das natürlich mehr unbewusst erfolgt, da wir ja keine Erinnerungen mehr an unser Leben vor der Geburt haben.

Unser Engel wird auf die beschriebene Weise sein Möglichstes tun, damit wir das selbst gewählte Schicksal leben können und damit uns schlimme Erfahrungen, die nicht in unserem Schicksal liegen, erspart bleiben. Bei all seinen Bemühungen würde ein Engel *niemals* auf eine diktatorische Art in das Leben des Menschen eingreifen. Er würde es als ein schweres Sakrileg empfinden, dessen heiligen freien Willen zu beschneiden.

Auch haben wir aus unserer menschlichen Freiheit heraus jederzeit die Möglichkeit, Handlungen zu begehen oder Erfahrungen zu machen, die karmisch nicht notwendig sind, sondern einen ganz neuen Einschlag in unseren ewigen Lebenslauf bringen.

Dass ein Mensch sich dadurch, dass ihn ein Ereignis als Schicksalswirkung trifft, unfrei fühlen könnte, liegt nur an der fehlenden Erinnerung. Könnte er sich an seinen vorgeburtlichen Entschluss erinnern, so wäre es unsinnig, wenn er sich dadurch unfrei fühlen würde. Schließlich hat er aus eigenem Antrieb etwas getan, was er für notwendig gehalten hat. Wenn er sich dadurch unfrei fühlen würde, wäre es genauso, wie wenn er sich beispielsweise entschlossen hätte, nach Amerika zu fliegen, und sich dann, dort angekommen, unfrei fühlen würde, weil er nicht innerhalb kürzester Zeit wieder gemütlich im heimischen Wohnzimmer sitzen könnte.

Natürlich könnte jetzt jemand, der beispielsweise mit seinem Ehepartner überhaupt nicht zurecht kommt und dauernd mit ihm im Streit liegt, sagen: Ja, da hat mein Engel mir aber was eingebrockt! Schließlich war er es, der mich mit meinem Partner zusammengebracht hat.

Ein solcher würde übersehen, dass auch das Schicksal einer unglücklichen Ehe oder Beziehung sehr wohl zu den notwendigen

Erfahrungen gehören kann, aus denen wir letztlich lernen können, um so in unserer geistig-seelischen Entwicklung voranschreiten zu können.

7.2 Weiteres Wirken des Engels

Nachdem wir nun die wohl wichtigsten Aufgaben, welche die Engel für uns Menschen übernehmen, charakterisiert haben, wollen wir noch auf einige mehr spezielle Bereiche im Leben des Menschen eingehen, in die das Wirken der Engel eingreift.

7.2.1 Engel und Kleinkinder

Ein Kleinkind hat noch eine ganz andere Verbindung zu den Wesen, mit denen es viele Jahrzehnte, vielleicht sogar Jahrhunderte im vorgeburtlichen Leben zusammen war. Insbesondere hat es noch eine ganz enge, natürliche und völlig unverkrampfte Beziehung zu seinem Engel, der es erst vor kurzer Zeit ins neue Erdenleben geführt hat. **»Und wenn tatsächlich derjenige, der selber in die geistigen Welten hineinschauen kann, das Kind vor sich hat mit dem Strom, der in die geistige Welt hinaufgeht, dann ist das so – verzeihen Sie den trivialen Ausdruck –, dann hat derjenige, der in die geistigen Welten hineinzusehen vermag, in dem Kinde etwas wie einen Telephonanschluß in die geistigen Welten. Durch das Kind spricht die geistige Welt. Die Menschen wissen es nur nicht. Der Weiseste kann am meisten von dem Kinde lernen. Das Kind spricht nicht, sondern der Engel aus dem Kinde.«**[13] Erst im Laufe der Jahre verliert das Kind den lebendigen Zusammenhang mit der geistigen Welt. Das ist eine Notwendigkeit, damit der Mensch zur Selbständigkeit finden kann.

Die Beziehung zu seinem Engel überschreitet oftmals die kindliche Bewusstseinsschwelle. Vielleicht haben auch Sie schon einmal ein Kind dabei beobachtet, wie es sich mit einem Menschen oder einem Tier angeregt zu unterhalten scheint. Dieser Kommunikationspartner ist nur für das Kind wahrnehmbar, ein erwachsener Durchschnittsmensch kann ihn weder sehen noch hören. Die Psychologen nennen dieses vermeintliche ›Phantom‹ »unsichtbarer Freund« oder »unsichtbarer Spielkamerad«. Natürlich mag es sich in manchen Fällen wirklich um eine Fiktion handeln. In vielen Fällen ist es aber in der Tat der Schutzengel oder ein anderes geistiges Wesen, welches das Kind wahrzunehmen vermag. Diese Fähigkeit, eine natürliche Verbindung mit einem Engelwesen zu pflegen, verliert das Kind in den weitaus meisten Fällen, wenn es etwas älter wird. Es verliert sie umso eher, je eindringlicher die Eltern oder andere Menschen ihm weismachen wollen, es gäbe weder Engel noch Geister. In gar nicht einmal so seltenen Fällen werden solche Kinder als psychisch krank abgestempelt. Ihre Gabe wird ihnen dann bisweilen durch die Verabreichung starker Psychopharmaka ›ausgetrieben‹.

Wie wir schon wissen, leuchtet das Ich-Bewusstsein erstmals auf, wenn das Kind etwa drei Jahre alt geworden ist. Aber das Ich ist von Beginn der Inkarnation bis zu diesem Zeitpunkt natürlich schon da und keineswegs untätig. Allerdings hat es in den ersten drei Jahren ganz andere Aufgaben. Diese bestehen darin, die körperlichen Hüllen, physischer Leib, Ätherleib und Astralleib, zu bilden bzw. umzubilden. Insbesondere die physische Hülle des Gehirns wird fortwährend umgebildet. Solange der Mensch auf der Erde lebt, dient ihm sein Gehirn als Werkzeug für sein Ich-Bewusstsein. In seinen ersten etwa drei Lebensjahren muss das Ich sich erst dieses Werkzeug formen, bevor es selbst bewusst werden kann. **»Es ist sozusagen nur eine Änderung der Aufgabe des Ich. Erst arbeitet es an uns, dann in uns. Es ist wirklich ein Plastiker zuerst, dieses Ich, und es ist unsagbar, was dieses Ich an der Formung selbst dieses physischen Gehirns leistet. Ein gewaltiger Künstler ist dieses Ich.«**[14] Erst wenn dieser Prozess abgeschlossen ist, kann das Kind sich selbst als ein Ich fühlen und zu sich selbst »ich« sagen. An die Erlebnisse, die der Mensch *ab* diesem Zeitpunkt hat, kann er sich in seinem späteren Leben – zumindest bis zu einem gewissen Grad – erinnern.

Nun ergibt sich die Frage, woher dieses kindliche Ich die Kraft zu seiner Arbeit erhält. Diese rührt von den Kräften der Engel, die in den ersten drei Lebensjahren in das Ich einströmen. Der Engel arbeitet *in dem Ich* und *durch das Ich* an dem Menschen, das ihn plastisch ausgestaltet. **»Und in dem Augenblicke, wo er lernt Ich zu sagen, ist es so, als ob etwas von der Kraft abgetrennt würde, wie wenn er dazu berufen würde, etwas zu tun von dem, was der Angelos vorher tat.«**[15] Die Verbindung des Engels zu dem Ich des ihm anvertrauten Kindes ist so unmittelbar, dass man das Ich des Kindes in diesem Zeitraum als das unterste Wesensglied des Engels auffassen kann. **»Wir können geradezu für diese Zeit das Kindes-Ich als das unterste Glied des Angelos aufzählen. Daher sind auch in diesen ersten Lebensjahren am intensivsten bemerkbar diejenigen Kräfte, die er aus seinen früheren Inkarnationen mitbringt.«**[15]

7.2.2 Engel und Schlaf des Menschen

Der Astralleib des Menschen ist im Schlafzustand *nicht* mit dem physischen und ätherischen Leib verbunden. Er löst sich zusammen mit dem Ich aus der menschlichen Organisation, mit der er sich erst beim Aufwachen wieder verbindet. Der astralische Leib ist also, wenn der Mensch schläft, in einer ganz anderen Umgebung, und zwar in der Astral- oder Seelenwelt. »[Der Mensch kann nicht bemerken,] **daß er während des Schlafes mit der Hierarchie der Angeloi, Archangeloi, Archai verbunden ist, daß die sein Ich und seinen astralischen Leib mit ihrer eigenen Wesenheit durchtränken, daß die seinen astralischen Leib und sein Ich halten und tragen.«**[16] Der persönliche Engel muss diesen Weg mitmachen. Er muss den Weg in den Schlafzustand und somit in die Sphäre der astralen Welt hinein und auch wieder zurück mitgehen. Es ist für den Menschen sehr wichtig, dass sein Engel ihn dabei begleitet, weil dadurch das Verhältnis immer inniger werden kann.

Bei einem Kind ist es eine Selbstverständlichkeit, dass sein Engel es dabei begleitet. Bei einem Erwachsenen ist das nicht so selbstverständlich. »Und in der Tat, da handelt es sich darum, daß es von dem Menschen selbst abhängt – von seiner Gesinnung, von seiner Hinlenkung seiner ganzen Gefühlswelt zur geistigen Welt –, ob der Engel mitgeht, wenn er aus dem physischen Leib und aus dem Ätherleib herausgeht in den Schlafzustand hinüber.«[17]

Ob der Engel mitgeht, ob er den Menschen im Schlaf begleitet, hängt also von der spirituellen Gesinnung des Menschen ab. Ein Mensch, der nicht an Engel glaubt, der womöglich an gar nichts Geistiges glaubt, wird seinem Engel im Schlaf nicht begegnen. Die Engel gehen nicht mit, wenn sie im Tagesbewusstsein verleugnet werden. »Ein Mensch, der mit seinen Gedanken ganz in der materiellen Welt aufgeht, der sich niemals erheben will über die materielle Welt, der sich nicht bekanntmachen will mit sittlichen Idealen, die über das bloß Nützliche hinausgehen, der nicht erleben will wirkliche Menschenliebe, der nicht kennt das fromme Hingeben an die göttlich-geistige Welt im wachen Zustande, dem bleiben beim Einschlafen keine Kräfte, um in der richtigen Weise mit seinem Engelwesen in Berührung zu kommen. Dieses Engelwesen wartet gewissermaßen jedesmal unser Einschlafen ab, wieviel wir mitbringen von idealen Empfindungen, von idealen Gedanken mit diesem Einschlafen. Und je mehr wir von solcher Art mitbringen, desto inniger wird das Verhältnis zu diesem Engelwesen, wenn wir im Schlafe verweilen. Und so sammeln wir gewissermaßen im Wachen durch das ganze Leben hindurch dasjenige, was wir ausbilden in uns über die materiellen Interessen hinweg; wir sammeln dasjenige, was die Beziehung zu unserem Engelwesen immer inniger und inniger macht.«[18]

Rudolf Steiner wies auf die Heiligkeit des Schlafes hin und empfahl, folgende Gedanken vor dem Einschlafen in sich rege zu machen: »Ich schlafe ein. Bis zum Aufwachen wird meine Seele in der geistigen Welt sein. Da wird sie der führenden Wesensmacht meines Erdenlebens begegnen, die in der geistigen Welt vorhanden ist, die mein Haupt umschwebt, da wird sie dem Genius [Schutzengel] begegnen. Und wenn ich aufwachen werde, werde ich die Begegnung mit dem Genius gehabt haben. Die Flügel meines Genius werden herangeschlagen haben an meine Seele.«[19]

7.2.3 Engel und Geistselbst des Menschen

Wie wir in Kapitel 1 erläutert haben, ist der Mensch heute ein viergliedriges Wesen, das aus physischem Leib, Ätherleib, Astralleib und Ich besteht. Es gehört zu unseren wichtigsten Aufgaben, aus unserem derzeit höchsten Wesensglied, dem Ich, die unteren drei Leiber umzuwandeln, damit aus ihnen in der Zukunft die drei höheren geistigen Wesensglieder – Geistselbst, Lebensgeist und Geistesmensch – entstehen können. In ur-urferner Zukunft, wenn die Erde ihre Verkörperung als Vulkan durchmacht, wird der Mensch als siebengliedriges Wesen ein schaffendes göttlich-geistiges Wesen sein. Dann wird das vorläufige Ziel der Menschheitsentwicklung erreicht sein.

Diese drei höheren Wesensglieder sind bereits in jedem Menschen keimartig veranlagt. Sie stehen schon heute in einer gewissen Beziehung zum Menschen. Sie liegen sozusagen »**beschlossen im Schoße der göttlich-geistigen Wesenheiten**«[20] der dritten Hierarchie. Wir stehen beispielsweise in Beziehung zu den Engelwesen. Stattdessen könnte man auch sagen, wir stehen schon heute in Beziehung zu dem, was in der Zukunft als unser Geistselbst kommen soll. Wir haben mit diesen höheren Wesensgliedern bereits *wirkliche* Begegnungen. Wenn wir nicht von Zeit zu Zeit unserem Geistselbst begegnen würden, so würden wir uns immer mehr von allem Geistigen entfernen und entfremden.

Werfen wir zunächst einen Blick auf das ›Nahziel‹ der Menschen, das allerdings auch erst in ferner Zukunft erreicht werden kann. Im derzeitigen Erdenzyklus geht es vorrangig darum, aus unserem Ich heraus an unserem Astralleib zu arbeiten. Nur so können wir unsere Erdenmission erfüllen. »**Und es wird eine Zeit kommen, wo das Ich den Astralleib ganz beherrscht, ihn durchglüht und durchzieht. Dann wird der Mensch ein höheres Glied ausgebildet haben, das wir Manas oder Geistselbst nennen. Es ist nichts anderes als der durch das Ich umgewandelte Astralleib.**«[21]

Das wird der Fall sein, wenn die Erde in ihrer nächsten Verkörperung als Jupiter aus dem Weltenschlaf hervortritt.

Man hört ja bisweilen die Frage: »Werden die Menschen in ferner Zukunft Engel werden?«

Wie bereits erwähnt waren die Engel in gewisser Weise auf dem alten Mond Menschen. Natürlich konnte man sie nicht mit einem heutigen Menschen vergleichen. Insbesondere waren sie nicht in einem physischen Leib inkarniert. Sie hatten allerdings schon ihr Ich und waren damit befasst, das Geistselbst auszubilden. Der Mensch hat sein Ich erst seit relativ kurzer Zeit und ist heute mit der Arbeit an seinem Geistselbst beschäftigt. Somit könnte man die Engel, wie sie auf dem alten Mond waren, mit einem heutigen Menschen vergleichen. Sie standen dort auf der »Menschheitsstufe«. Auf der aktuellen Inkarnationsstufe der Erde haben die Engel ihr Geistselbst bereits erworben. Während ein Mensch heute als höchste Form des Bewusstseins das uns bekannte »*Gegenstandsbewusstsein*« oder »*Tagesbewusstsein*« hat, weist der Engel ein bereits höheres Bewusstsein auf, das eine Folge davon ist, dass er sein Geistselbst schon weitgehend ausgebildet hat. Nur so kann verständlich werden, dass die Engel schon heute so mächtig und weise sind.

Auf dem neuen Jupiter können die Menschen auch dieses Wesensglied besitzen. Dann werden sie ein Bewusstsein und eine Weisheit haben, die heute die Engel haben. Dennoch kann man nicht sagen, dass die Menschen dann Engel sind – zumindest nicht in genau dem Sinne, in dem man heute von Engeln sprechen kann. Im Weltensein gibt es niemals Wiederholungen. Es tritt niemals etwas hervor, was in derselben Weise schon einmal da war. Allerdings kann man die Menschen auf der zukünftigen Jupitererde mit den heutigen Engeln *vergleichen*. Sie werden dann auf einer Stufe stehen, auf der die Engel bereits im aktuellen Erdenzyklus sind. In der Bibel findet man ein paar zarte Hinweise auf diese Tatsache. So heißt es bei Matthäus: »*Denn wenn die Toten auferstehen, heiraten sie nicht mehr, sondern sie werden wie die Engel im Himmel.«*[22] Um diesen Vers besser verstehen zu können, muss man wissen, dass das, was man als »Auferstehung der Toten« bezeichnet, am sogenannten »Jüngsten Tage« erfolgt. Mit diesem Begriff ist aber nichts anderes gemeint als der Übergang von der heutigen Inkarnation der Erde zur nächsten, dem Jupiter. Auch der Apokalyptiker deutete das an, indem er von einer *»großen mit weißen Gewändern bekleideten Schar«*[23] spricht.

Auf dem Jupiter werden die Menschen ihres Engels nicht mehr bedürfen, so das sie ihn freigeben bzw. erlösen können, damit dieser die Stufe der heutigen Erzengel durchmachen kann. Auf der Jupitererde wird es das, was wir heute »Geburt«, »Tod« und »Inkarnationen« nennen, nicht mehr geben. Dann kann der Mensch *ähnliche* Aufgaben übernehmen, wie sie heute die Engel haben. Möglicherweise werden sich die Menschen dann um andere Wesen kümmern können. Hierbei ist an die Menschen zu denken, die das Jupiterziel nicht erreicht haben oder auch an die Wesen, die zu dem neuen, umgestalteten Tierreich gehören werden.

Nach diesem Ausblick in die ferne Zukunft wollen wir jetzt wieder in die Gegenwart zurückkommen. Heute stecken in den Astralleibern der weitaus meisten Menschen noch etliche niedere Triebe, Leidenschaften und Begierden, die noch nicht vom Ich beherrscht werden. Der Astralleib eines heutigen Menschen besteht aus zwei Teilen: dem, was der Mensch schon umgewandelt hat, und dem, was er noch nicht unter die Herrschaft seines Ichs gebracht hat. Wenn das Ich diese niederen Kräfte und Triebe aus dem Astralleib hinaustreibt, fügt es diesem allerlei Kräfte hinzu.

Diese niederen Kräfte stellen heute eine große Gefahr für den Astralleib dar. Er könnte durch sie zerstört werden. Dafür, dass das nicht geschieht, sorgt unser Engel. Dieser ist in der Lage, unseren Astralleib zu beherrschen. **»Damit aber der Astralleib überhaupt erhalten bleibe, damit er nicht durch das Niedere zerstört werde, muß er immer noch durchdrungen, durchsetzt sein von höheren Wesenheiten, die ihn heute so beherrschen können, wie einst der**

Mensch es tun wird, wenn er am Ziele seiner Entwickelung angelangt sein wird. Diese Wesen, die die Aufgabe haben, den vom Menschen unbeherrschten Teil seines Astralleibes zu beherrschen, stehen eine Stufe höher als der Mensch, es sind die Engel oder Geister des Zwielichts. In der Tat wacht sozusagen über jedem Menschen ein solch höherer Geist, der über seinen Astralleib Macht hat, und es ist nicht bloß eine kindliche Vorstellung, sondern eine tiefe Weisheit, wenn man von Schutzengeln spricht. Sie haben eine große Aufgabe, diese Schutzengel.«[24]

Überhaupt sind die Engel mit ihrer ganzen Seelenhaftigkeit dem zugeneigt, was wir den Astralleib nennen. »Zwischen diesen Wesen [Erzengeln] und den Menschen stehen mitten drinnen die Engelwesen. Das sind solche Wesen, die mit der Umarbeitung ihres Astralleibes in Manas oder Geistselbst beschäftigt, aber noch nicht mit dieser Arbeit zu Ende gekommen sind. Der Mensch steht am Anfange dieser Arbeit im gegenwärtigen Zeitalter, die Engel stehen dem Ende derselben nahe, sind aber keineswegs fertig damit. Daher berühren sich die Terrains dieser Wesenheiten viel intimer mit denen, in welchen der Mensch steht und lebt. Wir können sagen, daß die Engelwesen mit ihrer ganzen Seelenhaftigkeit dem zugeneigt sind, was wir astralischen Leib nennen. Deshalb haben sie volles Verständnis für alles das, was die menschliche Persönlichkeit durch Leid und Freude erleben kann.«[25]

Ohne die Hilfe unseres Engels wäre es uns nicht möglich, den Astralleib zum Geistselbst umzugestalten. »Und in der Tat, so ist es, daß mit jeder menschlichen Individualität ein solches Engelwesen wirkt, welches den Menschen leitet und lenkt bei seiner Arbeit, das Geistselbst im astralischen Leibe auszubilden, bis er es ausgebildet hat. Daher spricht man in einem Teil der christlichen Lehre von den menschlichen Schutzengeln. Das ist eine Vorstellung, die durchaus der gesetzmäßigen Realität entspricht. Es sind das die Wesen, die den Einklang schaffen zwischen der einzelnen menschlichen Individualität und dem Gange der Erdenentwickelung, bis der Mensch selbst am Ende der Erdenentwickelung so weit sein wird, daß er seinen Engel ablösen kann, weil er dann selbst ein solches Bewußtsein haben wird, wie es ein Engel hat.«[26]

7.2.4 Engel als Vermittler zwischen Erzengeln und Menschen

Die Erzengel sind – wie in Kapitel 5 bereits geschildert – in ihrer Entwicklung den Engeln um einen Erdenzyklus voraus. Bereits auf dem alten Mond standen sie auf der Engelstufe. Daher haben sie heute ein höheres Bewusstsein, mehr Macht und Weisheit sowie andere Aufgaben als die Engel.

Während ein Engel *einzelne* menschliche Individuen führt und inspiriert, gehört es zu den Aufgaben der Erzengel, ganze Völker zu führen und zu inspirieren. Daher werden sie – wie bereits erörtert – auch als *»Volksgeister«* bezeichnet.

Die Volksgeister, die zwei Stufen höher stehen als der Mensch, verleihen den einzelnen Völkern ihre spezifische, unverwechselbare Eigenart. In den Seelen der Mitglieder eines Volkes leben die für dieses Volk charakteristischen Empfindungen, Stimmungen und Gewohnheiten. Diese grundlegende Seelenstimmung verändert sich im Laufe der Zeit; sie macht einen Entwicklungsprozess durch, wodurch sie veredelt wird. Damit das möglich werden kann, bedarf es des Volksgeistes, der einzelne besondere menschliche Individualitäten – Künstler, Weise und bedeutende Volksführer – inspiriert, damit der Volksseele neue notwendige Impulse einverleibt werden können.

Es stellt sich die Frage, was das mit den Engeln, den Angeloi, zu tun hat.

Nun, die Engel bilden das vermittelnde Glied zwischen den Erzengeln bzw. Volksgeistern und den einzelnen Menschen des jeweiligen Volkes. Sie sind also die Boten, die etwas von den Volksgeistern zu den Menschen tragen. Die einzelnen Menschen müssen ja in gewisser Weise zu ›Werkzeugen‹ bzw. zu ausführenden Organen der Volksgeister werden, die das dem physischen Plan eingliedern, was ihnen aufgetragen wurde. Es ist die Aufgabe der Engel, diese Verbindung herzustellen. Da die Engel dem Menschen viel näher stehen, kommen sie auch leichter an ihn heran.

Wir Menschen stehen also gewissermaßen in zwei Strömungen, in zwei Arten der Verbindung zu unserem Engel. Wir werden auf zwei Arten von ihm inspiriert.

Die eine Strömung bezieht sich auf alles, was uns von Inkarnation zu Inkarnation vorwärts bringt. Sie betrifft also unsere *individuellen* Angelegenheiten. Es geht hierbei um die Aufgaben, die wir zu erledigen haben, die wir zu tun verpflichtet sind, um in unserer eigenen Entwicklung vorwärtsschreiten zu können. Wie wir bereits erläutert haben, unterstützt unser Engel uns dabei in vielfältiger Weise.

Die andere Strömung besteht in allem, was der einzelne Mensch zum Wohle des Volkes, in das er hineingeboren wurde, beizutragen hat. Hier geht es also um die Angelegenheiten der *Volksgemeinschaft*. Das, was für ein Volk notwendig ist, kann nur von dem Erzengel, also dem Volksgeist des betreffenden Volkes, überschaut werden. Er trifft die Anordnungen. Seine Befehle werden von dem Engel an den einzelnen Menschen herangetragen. Der Engel inspiriert den Menschen in Abhängigkeit von den Anweisungen, die er von dem Volksgeist empfangen hat. **»Weil sie [die Engel] ein höheres Ich haben, weil sie einen Teil der höheren Welt aufnehmen können, deshalb ragt ihre Bewußtseinswelt in diejenigen Terrains hinein, auf denen sich die Bewußtseinswelt der Archangeloi** [Erzengel, Volksgeister] **befinden. Sie sind also so recht die Vermittler zwischen Archangeloi und einzelner Menschen-Individualität. Sie empfangen ihrerseits die Befehle der Volksgeister und tragen sie in die einzelnen Seelen hinein, und durch diese Vermittelung ergibt sich dann dasjenige, was der einzelne wirken kann, nicht bloß für seinen eigenen Fortschritt, sondern für sein ganzes Volk.«**[27]

7.2.5 Engel im nachtodlichen Leben des Menschen

Wie bereits geschildert steht unser Engel uns nicht nur in *diesem Erdenleben* inspirierend, schützend und führend zur Seite. Er war auch schon in unseren früheren Inkarnationen bei uns und begleitet uns in der gesamten Zeit nach dem Tod in den übersinnlichen Welten. Also, auch in der gesamten Zeit zwischen Tod und neuer Geburt wird unser Engel immer an unserer Seite sein. Schließlich führt er uns – im Normalfall nach einigen Jahrhunderten – wieder durch eine neue Geburt ins nächste Erdenleben hinein. **»Die Angeloi, die unmittelbar über dem Menschen stehenden Wesenheiten, sie führen den Menschen durch die Pforte des Todes hindurch, so daß er gewissermaßen seinen Angelos an seiner Seite hat, vom Tod zu neuer Geburt, und sie führen ihn wiederum ins neue Leben ein.«**[28] Wie Sie sicher wissen, gibt es mittlerweile viele Tausend Menschen in der Welt, die Nahtod-Erfahrungen hatten. Etliche von ihnen haben die Erlebnisse, die sie in der kurzen Zeitspanne hatten, als sie klinisch tot waren, publiziert. Die meisten Berichte weisen die gleichen oder zumindest sehr ähnliche Motive auf. Ein Motiv, das in nahezu allen Schilderungen vorkommt, ist, dass sie einem ›Lichtwesen‹ begegnet seien, das viele für einen Engel hielten.

Im Lukas-Evangelium findet sich eine Schilderung, die ebenfalls besagt, dass der Mensch von seinem Engel in die höhere Welt geführt wird. Gemeint ist das Gleichnis vom »*reichen Mann und vom armen Lazarus*«. Hier können wir lesen: »*Dann starb der Arme und wurde von den Engeln hingetragen in Abrahams Schoß.*«[29] Es ist also ganz offensichtlich, dass unser Engel uns in der Todesstunde beisteht und uns über die Schwelle des Todes führt.

Ein Mensch, der zu seinen Lebzeiten alles Göttlich-Geistige und somit auch seinen Engel verleugnet hat, wird allerdings geraume Zeit benötigen, um sich der Anwesenheit seines Engels bewusst werden zu können.

Im großen Unterschied zu der Situation im Erdenleben können wir schon recht kurze Zeit nach dem Tod unseren Engel sowie die Seelen anderer Verstorbener, mit denen wir karmisch verbunden sind, *ähnlich* wahrnehmen, wie wir im Erdenleben unsere Mitmenschen sowie die Wesen der drei Naturreiche, also Mineralien, Pflanzen und Tiere, wahrnehmen konnten. Wir sind also nach dem Tod mit unserem Engel ganz unmittelbar zusammen und können mit ihm kommunizieren, ohne dass uns daran irgendwelche physischen Barrieren hindern könnten. Wir können ein sehr inniges Zusammensein mit unserem Engel pflegen.

Kurze Zeit nachdem der Mensch die Schwelle des Todes überschritten hat, befindet er sich für etliche Jahrzehnte in der Astraloder Seelenwelt. Wie in Kapitel 2 erläutert darf man bei den übersinnlichen Welten nicht an irgendwelche abgegrenzten Räumlichkeiten oder Orte denken. Wenn man sagt, der Mensch *befinde* sich in einer übersinnlichen Welt, also etwa in der Seelenwelt, so ist das so zu verstehen, dass er in einem *Bewusstseinszustand* ist, der ihm erlaubt, diese Welt als solche zu erkennen und in ihr wahrnehmen zu können.

In der Seelenwelt gehört es zu den wichtigsten Aufgaben des Verstorbenen, dass er sein letztes Erdenleben aufarbeitet. Der Mensch weiß in seiner Seele jetzt genau, was im Leben nicht so gut gelaufen ist, was er alles schlecht gemacht hat usw. Er wird gewahr, welche niederen Triebe und Begierden noch in seinem Astralleib, den er noch eine ganze Zeit lang haben wird, stecken. Diese muss er noch überwinden. Die eigentliche moralische Beurteilung seines abgelaufenen Erdenlebens wird der Mensch im weiteren Verlauf seines Lebens in der Seelenwelt dann weitgehend selbst vornehmen. Hierbei werden ihn sein persönlicher Engel sowie auch andere geistige Wesenheiten maßgeblich unterstützen. Diese schonungslose Aufarbeitung und Läuterung ist erforderlich, damit der Mensch die Anwartschaft für die Geisteswelt, für das Devachan gewinnt.

Auch wenn wir dann später für lange Zeit in der Geisteswelt sind, können uns die Engel sowie die anderen geistigen Wesen der höheren Hierarchien noch viele Wohltaten erweisen.

So können sie uns etwa die tiefsten Geheimnisse der sinnlichen Welt enthüllen. Die Schönheiten der sinnlichen Natur sind viel großartiger, als das dem Bewusstsein eines Erdenmenschen jemals gewahr werden könnte. Wir besitzen, nachdem wir in den höheren Welten sind, immer noch Erinnerungen an die Erde und die Erdenverhältnisse. Diese Erinnerungen, die nun aufsteigen, finden erst

dann eine richtige Beleuchtung, wenn wir alles, was wir im Erdendasein mit unseren physischen Sinnen wahrnehmen durften, von
den Wesen der dritten Hierarchie beschrieben und erklärt bekommen. **»Die tiefsten Geheimnisse der sinnlichen Wahrnehmungen
enthüllen uns in wunderbaren Gesprächen die Wesenheiten, mit
denen wir zusammen sind zwischen Tod und neuer Geburt.«**[30]
Je mehr wir es in unserem Erdenleben gelernt haben, uns an der
physisch-sinnlichen Welt, die ja das Werk der Götter ist, zu erfreu-
en, ohne dabei in Schwärmerei zu versinken, je gründlicher wir auf
alles eingegangen sind, was uns die Sinneswelt an Freuden geben
konnte, desto mehr Verständnis bringen wir nach dem Tod insbesondere der Engelwelt entgegen. Die Engel wollen uns erzählen,
was wir auf der Erde noch nicht verstehen konnten, was wir erst
verstehen können, nachdem wir die Todespforte passiert haben.
Auch die Wesen der zweiten Hierarchie, mit denen wir ebenfalls in
einer gewissen Zeit nach dem Tod zusammenkommen, wollen uns
etwas über die Sinneswelt mitteilen. Wenn es uns dann gelingt, uns
in ein rechtes Verhältnis mit ihnen zu setzen und ihre ›Sprache‹ zu
verstehen, so können sie uns die größten Geheimnisse der Welt
enthüllen.[31]

Unser Bewusstsein kann nach dem Tod umso heller sein, je mehr
wir uns im Erdenleben mit unserem Engel verbunden haben, je
mehr wir ihm an idealen Empfindungen zugesandt haben. **»Je mehr
wir gewissermaßen unserem Angelos** [während unserer letzten
irdischen Inkarnation] **überliefert haben, desto mehr kann aber
auch nach dem Tode, wenn wir ein geistig-seelisches Wesen sind,
dieser Angelos uns an bewußtem Leben, an bewußten Seeleninhal-
ten von den höheren Hierarchien geben. Ich möchte sagen: Was
unsere Augen hier in der physischen Welt sind, oder unser Ohr hier
in der physischen Welt ist, das ist für unser Bewußtsein zwischen
dem Tod und einer neuen Geburt in der geistigen Welt dasjenige,
was durch dieses unser Angeloswesen die anderen Wesen aus dem
Reich der dritten Hierarchie im Zusammenhange mit den höheren
Hierarchien entwickeln. Und unser Bewußtsein wird um so heller,
um so inniger leuchtender, je mehr wir an idealen Gedanken und**

idealen Empfindungen, an Menschenliebe und religiösem Frommsein unserem Angelos zugeführt haben.«[32]

In der letzten Phase im Leben zwischen Tod und neuer Geburt geht es für den Menschen ganz wesentlich darum, sein nächstes Erdenleben zu planen. Die Seele, die jetzt ungleich weiser als im Erdendasein ist, weiß genau, mit welchen Menschen sie dann zusammenkommen muss, an welche Schicksalsfäden angeknüpft werden muss und was ihre Lebensaufgabe sein soll. Selbstverständlich wird sie hierbei von ihrem Engel, weiteren Engelwesen sowie den Seelen der Verstorbenen aus ihrem Schicksalskreis unterstützt.

Wenn wir dann wieder durch die Geburt ins neue Erdenleben hinuntersteigen, haben wir das alles wieder vergessen...
Wie in diesem Kapitel bereits ausführlich dargestellt wurde, wird uns unser Engel auf die beschriebene Weise daran zu ›erinnern‹ versuchen.

(Das, was der Mensch nach seinem Tod in den höheren Welten erlebt, haben wir in äußerst ausführlicher Form in unseren Büchern *»Die spirituelle Seite des Todes – Christus-Impuls, Reinkarnation, Leben nach dem Tod und Sinn des Lebens«* sowie *»Das Götterprojekt ›Mensch‹ – Entstehung, Wesen und Ziel des Menschen – Einführung in die grundlegenden Erkenntnisse der Anthroposophie Rudolf Steiners«* beschrieben.)

7.3   Die Beziehung zwischen Engeln und Menschen in früheren Zeiten

Bisher haben wir ausschließlich die Beziehung zwischen Menschen und Engeln betrachtet, wie diese sich in der heutigen Zeit und in der näheren Zukunft gestaltet. Im Weltensein gibt es allerdings niemals einen Stillstand. Alles befindet sich in einem permanenten Entwicklungsprozess; alles ist in fortwährendem Fluss.

Auch die Beziehung zwischen Menschen und Engeln war in früheren Epochen in vielerlei Hinsicht eine andere, eine engere als heute. Wir wollen nun noch einen Blick darauf werfen, wie man sich dieses Verhältnis in gewissen vergangenen Zeiten vorstellen kann.

Die erste nachatlantische Kulturepoche war die urindische Epoche (☛ Kapitel 4 und ☛ Anhang, Tabelle 3, S. 171), die vor rund 7.000 Jahren endete. In dieser Zeit lebten die Menschen noch sehr eng mit den Göttern zusammen. Eine instinktive Hellsichtigkeit war eine ganz natürliche Fähigkeit.

Wenn die damaligen Menschen ihre instinktiven Schauungen hatten, so waren das im Grunde nicht ihre *eigenen* Schauungen, da ihr Ich noch gar nicht erweckt war. »Das gab sich hin dem, was der Engel dachte, dem, was der Erzengel fühlte, dem, was die Arche wollte. Das lebte im Schoße dieser Wesenheiten. Wir blicken heute auf die wunderbare alte Urweisheit zurück. Aber die ist gar keine menschliche Weisheit im Grunde genommen, sondern sie ist eine Weisheit, die dadurch auf die Erde gekommen ist, daß Archai, Archangeloi, Angeloi die Menschen umkleideten und in die Menschenseelen hereinkamen durch diese Urweisheit, die viel höhere Wesenheiten eigentlich besessen und sich angeeignet haben, bevor die Erde Erde geworden ist.«[33]

Die Engel ergossen ihre Kräfte in die Seelen der Menschen der uralten indischen Epoche. Wenn damals ein Mensch sprach, wenn er also dasjenige, was seine Seele bewegte, ausdrückte, so war es eigentlich nicht er selbst, der sprach. Vielmehr war es sein Engel, der *durch ihn* sprach. »Die großen Führer der ersten nachatlantischen Zeit hatten also nicht bloß ihren menschlichen physischen Leib, Ätherleib und Astralleib, sondern da drinnen steckte ein Engel. Dadurch konnten diese großen Führer zurückschauen in ihre früheren Inkarnationen. Das kann der gewöhnliche Mensch nicht, weil er sich noch nicht bis zum Manas hinauf entwickelt hat; er muß erst selbst ein Engel werden. Diese Führer, die herausgeboren waren aus der gewöhnlichen Bevölkerung, diese trugen in ihrem physischen Leib, Ätherleib und Astralleib ein Engelwesen, das sie beseelte, das sie durchsetzte. [...] Und die großen Menschheitsführer des grauen Altertums waren eben durchaus etwas ganz anderes, als sie äußerlich schienen. Es waren Persönlichkeiten, in denen ein Engel war, der ihnen eingab, was sie brauchten, um Lehrer und Führer der Menschen zu sein. Die großen Religionsstifter und Religionsführer waren solche von Engeln besessene Menschen. Engel sprachen aus ihnen.«[34]

In der ägyptisch-chaldäischen Kulturepoche, die vor knapp 3.000 Jahren endete, fühlte man das Denken noch als eine von den Engeln inspirierte Gabe. Die Verbindung zwischen Engel und Mensch war allerdings nicht mehr so unmittelbar wie in der urindischen Epoche. Dennoch wurde das Volk von Engelwesen geführt. Es gab noch hellsichtige Menschen, die den Inspirationen aus den geistigen Welten zugänglich waren. »Angeloi, die ihre Menschheitsstufe auf dem alten Mond abgeschlossen hatten, inspirierten die höchsten hellsehenden Persönlichkeiten und wurden, indem sie sich dieses Werkzeuges bedienten, Könige und Priester, die führenden Persönlichkeiten der ägyptisch-chaldäischen Kulturepoche.«[35]

Selbst im Mittelalter gab es vereinzelt Persönlichkeiten, die ganz *unmittelbar* von ihrem Engel inspiriert wurden. Nehmen wir den Gelehrten *Johannes Scottus Eriugena*, der im 9. Jahrhundert lebte. Er fühlte sich noch in der wahren Erkenntnis deutlich von einer Engelwesenheit durchdrungen, obwohl in dieser Zeit bei den Menschen bereits das auf den Verstand begründete spekulative und daher oft dem Irrtum verfallene Eigendenken erwacht war. Dadurch wurde sein Denken zu einer Art Zwiegespräch mit seinem Engel. »Bei Johannes Scottus ist es so, daß er in diesem Zwiespalt lebt. Er kann bloß denken; aber wenn dieses Denken zum Erkennen wird, da fühlt er, da ist noch etwas da von den alten Mächten, welche den Menschen durchdrungen haben in der alten Art der Erkenntnis. Er fühlt den Engel, den Angelos in sich. Daher sagt er, der Mensch erkenne als Engel. Es war Erbstück aus den alten Zeiten, daß in dieser Zeit der Verstandeserkenntnis ein solcher Geist wie Scottus Eriugena noch sagen konnte, der Mensch erkenne wie ein

Engel. In den Zeiten der ägyptischen, der chaldäischen Zeit, in den älteren Zeiten der hebräischen Zivilisation würde niemand etwas anderes gesagt haben, als: Der Engel erkennt in mir, und ich nehme Teil als Mensch an der Erkenntnis des Engels. Der Engel wohnt in mir, der erkennt, und ich mache das mit, was der Engel erkennt. – Das war in der Zeit, als noch kein Verstand da war. Als dann der Verstand heraufgekommen war, da mußte man das mit dem Verstande durchdringen; aber es war eben in Scottus Eriugena noch ein Bewußtsein von diesem Durchdrungensein mit der Angelosnatur.«[36]

Auch der bekannte Philosoph und Kirchenlehrer *Thomas von Aquin* war noch offen für die Inspiration seines Engels. »Man kann zum Beispiel bei Thomas von Aquino im dreizehnten Jahrhundert nicht sagen, was in seinen Büchern steht, sei auf eine solche Art gewonnen, wie heute Begriffe und Vorstellungen gewonnen werden. Das wäre falsch vorgestellt. Sondern was in seinen Büchern steht, müssen Sie sich so vorstellen, daß ihn fortwährend ein Geist aus der Hierarchie der Angeloi dazu inspiriert, und daß er dasjenige niederschreibt, was aus dem Bewußtsein eines höheren Geistes kommt. In der heutigen Zeit erscheint es für einen Philosophen geradezu als etwas Greuliches, wenn man ihm zumuten wollte, daß er sich nun hinsetzen sollte, warten, bis sein Engel ihn inspiriert, um dann dasjenige niederzuschreiben, was er dadurch der Menschheit sagen kann, daß gewissermaßen sein Engel neben ihm sitzt, und er der Verkündiger und Bote desjenigen ist, was der Engel verkündet, was es als eine höhere Welt gibt, was er für die physische Welt offenbaren läßt durch den Mund eines physischen Menschen. Aber nur auf diese Weise kann man alles Entstehende, alles Werdende begreifen.«[37]

Nun könnte vielleicht jemand sagen, es sei doch sehr schade, dass die Engel uns heute nicht mehr so *unmittelbar* inspirieren, dass sie uns nicht mehr so *unmittelbar* führen und leiten, dass sie nicht mehr durch uns sprechen, wie das in früheren Zeiten ganz selbstverständlich war. Diese enge Verbindung musste aufhören; sie musste verlorengehen. Hätten die Engel uns weiterhin so straff geführt, so wäre es uns niemals möglich geworden, selbständige und freie Wesen zu werden. Wir müssen uns heute unsere eigene Weisheit erwerben. Allerdings bedarf es dazu auch der Hilfe unseres Engels. »**Und der Mensch muß mit Hilfe seines Engels, dem er in der Gesinnung verbunden sein soll, sich erwerben seine eigene Weisheit. Dieser Zeit gehen wir eben entgegen. Und jetzt in diesem Zeitraum, der nun eingetreten ist, wo der Mensch schon immer mehr das Ich erweckt hat, da war der Mensch, wenn er sich nicht durch eigenen Entschluß dazu aufraffte, gewissermaßen verlassen von dem, was der Engel, der Erzengel in ihm dachte. Dadurch aber, daß der Mensch verlassen wurde von diesen Engeln, kam er so recht erst in Verbindung mit dem irdischen Dasein. Und dieses In-Verbindung-Kommen mit dem irdischen Dasein, das ist es, was den Menschen auf der einen Seite frei macht, das ist aber auch dasjenige, was die Notwendigkeit für den Menschen hervorruft, nun aus seiner Kraft wiederum hinaufzustreben zu dem, was den höheren Hierarchien möglich macht, mit dem Menschen, in seinem Bewußtsein zu leben. Dem muß entgegengestrebt werden, daß wir wiederum solche Gedanken bekommen, daß die Engel mit uns leben können. Das sind die Gedanken, die wir nur bekommen können aus der Imagination der Geisteswissenschaft heraus.«**[38]

Kapitel 8

Was können wir für unseren Engel tun?

*Engel erwarten für ihre Dienste keinen Dank,
sie wollen nur wahrgenommen werden.*

Andreas Tenzer

Die Frage, was wir Menschen für unseren Engel tun können, mag dem einen oder anderen Leser möglicherweise sonderbar erscheinen. Schließlich sind die Engel so hohe und erhabene Wesen, dass es schwerfällt zu glauben, dass ein Mensch etwas tun könnte, was für sie förderlich ist.

Wenn wir uns einer Antwort auf diese Frage annähern wollen, so können wir zunächst einmal ein triviales Beispiel aus dem ganz alltäglichen Leben heranziehen.

Stellen Sie sich vor, Sie haben einen sehr, sehr guten Freund, der immer für Sie da ist, der alles für Sie tut, der Ihnen auf allen Ebenen hilft. Was wäre diesem Freund wichtig? Was könnten Sie für ihn tun? Nun, es wäre für Ihren Freund gewiss sehr wohltuend, wenn Sie sich seiner Hilfe bewusst wären, wenn Sie erkennen würden, was er alles für Sie leistet. Vielleicht würde er sich auch freuen, wenn Sie ihm danken würden und wenn Sie sich ein wenig mit ihm befassen und sein Leben betrachten und begleiten würden.

Wie wir im Folgen sehen werden, gibt es in der Tat einiges, was wir für unseren ›himmlischen Freund‹ tun können.

Wenn man diese Frage ganz pauschal beantworten möchte, so könnte man mit dem oben zitierten Spruch von *Andreas Tenzer* antworten. Es wäre unserem Engel eine große Wohltat, wenn wir ihn wahrnehmen würden. Damit ist natürlich nicht gemeint, dass wir ihn sehen oder hören könnten, wozu ja nur ein hellsichtiger Mensch befähigt ist. Gemeint ist damit vielmehr, dass wir anerkennen, dass wir ganz fest daran glauben, dass es ihn gibt und dass er immer für uns da ist und alles zu tun bereit ist, was für uns förderlich ist. Auch wird unser Engel sich gewiss freuen, wenn wir zumindest hin und wieder an ihn denken und ihm vielleicht sogar danken.

Wenn wir unseres Engels gedenken, kann es hilfreich sein, wenn wir uns den Engel vorher ganz konkret vorzustellen versuchen. Auf die Frage, wie man sich eigentlich einen Engel vorzustellen habe, antwortete Rudolf Steiner einmal ganz lapidar: **»Tun Sie es einfach! Er wird es schon korrigieren, wenn es fehlerhaft ist.«**[1]

Wir sollten uns viel öfter bewusst machen, dass der Schutzengel, unser ›unsichtbarer Freund‹ immer an unserer Seite ist, wenn wir vor oder in einer entscheidenden Situation in unserem Leben stehen. Er ist immer bereit, uns zu helfen. Natürlich darf man das nicht so trivial auffassen, als ginge es ihm ausschließlich darum, uns vor Schaden und schlimmen Erfahrungen zu behüten. Vor solch unangenehmen Erlebnissen wird er uns nur dann bewahren, wenn diese nicht in unserem Karma liegen. Unangenehme Erlebnisse, die in unserem Karma liegen bzw. zur Erfüllung unserer Lebensaufgabe dienen, stellen ja notwendige Erfahrungen für uns dar, die uns in der geistig-seelischen Evolution weiterbringen sollen. Wenn unser Engel uns vor einem solchen karmisch notwendigen Ereignis bewahren würde, würde er ja gegen unsere Interessen handeln, auch wenn diese uns nicht bewusst sind. Er kann uns aber Kraft, Mut und Stärke verleihen, dass wir schwere Situationen mit Gelassenheit und Vertrauen durchstehen können. Wenn wir das soweit annehmen können, sollten wir uns viel häufiger mit Gedanken der Dankbarkeit und der Liebe an unseren Engel wenden. Es ist für ihn sehr wichtig, dass er sich von uns angenommen weiß.

Es ist eine gute Übung, wenn man sich abends einmal klarzumachen versucht, welchen Gefahren, die im Bereich der Möglichkeiten verschleiert sind, man an dem jeweiligen Tag entkommen sein könnte. Was hätte uns alles passieren können, wenn wir irgendetwas anders gemacht hätten? Wenn man diese Betrachtungen regelmäßig anstellt, so kann man ein Gespür für das Wirken des Engels bekommen. Auch könnte man sich – vielleicht einmal im Jahr – Rechenschaft über das geben, was man im abgelaufenen Jahr an Gutem wie an Schlechtem getan hat. **»Ein gutes Mittel, das jeder anwenden kann, um zu größerer Klarheit über seine eigene Persönlichkeit zu gelangen, besteht darin, daß man sich öfter im Leben gewisse Abschnitte macht, mindestens aber einmal in einem Jahr, vielleicht an unserem Geburtstage. Dann sollen wir uns fragen: Was habe ich nun an guten und schlechten Taten im Verlaufe dieses Abschnittes zu verzeichnen? Wenn wir uns dann ernstlich prüfen, werden wir in den meisten Fällen finden, daß unsere guten Taten nicht von unserer Persönlichkeit herrühren, sondern daß wir sie aus einem inneren Impuls heraus geschehen ließen. Dieser innere Impuls ist unser Schutzengel, der uns zu unseren guten Taten treibt.«**[2]

Wir können immer darauf vertrauen, dass unser Schutzengel uns helfend zur Seite steht. Dieses Vertrauen darf aber nicht dazu führen, dass wir uns nur blind darauf verlassen, dass er uns die richtigen Impulse schickt, ohne uns selbst zu bemühen, das Richtige zu tun, ohne selbst nachzudenken und eine gewisse Vorsicht walten zu lassen. **»Auf der anderen Seite sollten wir uns nun nicht gänzlich**

darauf verlassen und bei jeder Gelegenheit denken: Der Schutzengel wird mir den Impuls schon eingeben – denn das wäre ganz
verkehrt; der Schutzengel würde uns bald verlassen, das heißt in
gewisser Beziehung eben verlassen.«[3]

Es ist von größter Bedeutung, dass wir uns mit den geisteswissenschaftlichen Erkenntnissen befassen und durchdringen. Für die Engel sowie für alle geistigen Wesen der höheren Hierarchien ist es
sehr wichtig, dass wir uns insbesondere mit ihrer Welt beschäftigen.
»Es ist eine reale Beziehung zwischen der geistigen Welt und der
menschlichen Welt. Und diese reale Beziehung kommt auch dadurch zum Ausdruck, daß die geistigen Wesen, die die geistige Welt
außer uns bewohnen, daß diese geistigen Wesen mit Wohlgefallen,
mit Befriedigung, mit Genugtuung hinblicken können auf die Gedanken, die wir uns über ihre Welt machen können. Nur dann können sie uns helfen, wenn wir uns Gedanken über sie machen können, wenn wir auch noch nicht dahingelangt sind, hellseherisch in
die geistige Welt hineinzublicken, sie können uns helfen, wenn wir
von ihnen wissen. Dafür, daß wir Geisteswissenschaft studieren,
kommt uns aus der geistigen Welt Hilfe.«[4]

Die ganz große und heilige Mission, die in der Beziehung zwischen
einem Mensch und seinem Engel waltet, kann uns erst dann klar
werden, wenn man weiß, dass ein Engel durch das Verhalten und
die Gesinnung des Menschen vorwärtsschreiten kann. Ein Engel
kann dadurch, dass sich der mit ihm verbundene Mensch ernsthaft
mit der Anthroposophie befasst und im Idealfall den anthroposophischen Schulungsweg beschreitet, sogar etwas dazulernen, wodurch
er höher steigen kann. »Nehmen wir den Fall, daß das Karma so
liegt, daß irgendeine Persönlichkeit nun im allereminentesten Sinne
von den anthroposophischen Impulsen ergriffen wird, mit Herz und
Sinn, ich möchte sagen, mit Geist und Seele ergriffen wird. Dann, ja
dann ist etwas notwendig, was ausgesprochen sonderbar, paradox
klingt; aber es ist notwendig: dann muß sein Engel etwas lernen.
Und das, sehen Sie, ist etwas ungeheuer Bedeutsames. Das An-
throposophenschicksal, das sich abspielt zwischen Anthroposophen und Nichtanthroposophen, das wirft seine Wellen hinein in die

Welt der Angeloi. Das führt bis zu einer Scheidung der Geister in der Welt der Angeloi. Der Angelos, der den Anthroposophen begleitet zu den nächsten Inkarnationen, er lernt tiefer noch sich hineinfinden in die geistigen Reiche, als er das früher konnte. Und der Angelos, der dem anderen angehört, der gar nicht hinein kann, sinkt herunter. Und es zeigt sich zuerst an dem Schicksal der Angeloi, wie die große Scheidung geschieht. Es ist jetzt so – und das ist etwas, meine lieben Freunde, worauf ich Ihre Herzen hinweisen möchte –, daß aus einem verhältnismäßig einheitlichen Reich der Angeloi ein zweigeteiltes Reich der Angeloi entsteht, ein Reich der Angeloi mit einem Zug hinauf in höhere Welten und mit einem Zug hinunter in tiefere Welten.«[5]

Wie schon in Kapitel 7 erwähnt erlangen die Engel ihre Entwicklung *durch den Menschen.* Nur diejenigen Schutzengel, deren Schutzbefohlene durch ihr geistig-seelisches Streben das Menschheitsziel am Ende der Erdenentwicklung erreichen werden, können auf der Jupitererde ihr Erzengeldasein antreten. Wir sind also nicht nur für unsere eigene, sondern auch für die Evolution unseres Engels mitverantwortlich...

Anhang

A1 Tabellen und Skizze

	Mineral	Pflanze	Tier	Mensch
Geistesmensch oder **Atma** (umgewandelter physischer Leib)				Vulkan
Lebensgeist oder **Buddhi** (umgewandelter Ätherleib)				neue Venus
Geistselbst oder **Manas** (umgewandelter Astralleib)				neuer Jupiter
Ich				heutige Erde
Astralleib				alter Mond
Ätherleib oder **Lebensleib**				alte Sonne
physischer Leib				alter Saturn

Tabelle 1: **Die Wesensglieder bei Mensch, Tier, Pflanze und Mineral und der Zeitpunkt der Entstehung der sieben *menschlichen* Wesensglieder**

↑ *alte (vorherige) Planetenkette* ↑

derzeitige Planetenkette

1. **alter Saturn**	tiefes Trance- oder Allbewusstsein	physischer Leib
2. **alte Sonne**	Tiefschlafbewusstsein	Ätherleib
3. **alter Mond**	Traum- oder Bilderbewusstsein	Astralleib
4. *heutige* **Erde**	helles Tages- oder Wachbewusstsein	Ich
5. **neuer Jupiter**	selbstbewusstes Bilder- oder psychisches Bewusstsein	Geistselbst
6. **neue Venus**	inspiriertes oder überpsychisches Bewusstsein	Lebensgeist
7. **Vulkan**	intuitives oder spirituelles Bewusstsein	Geistesmensch

↓ *neue (zukünftige) Planetenkette* ↓

Tabelle 2: **Inkarnationsstufen der Erde** (höchstes menschliches Bewusstsein und erste Veranlagung der Wesensglieder)

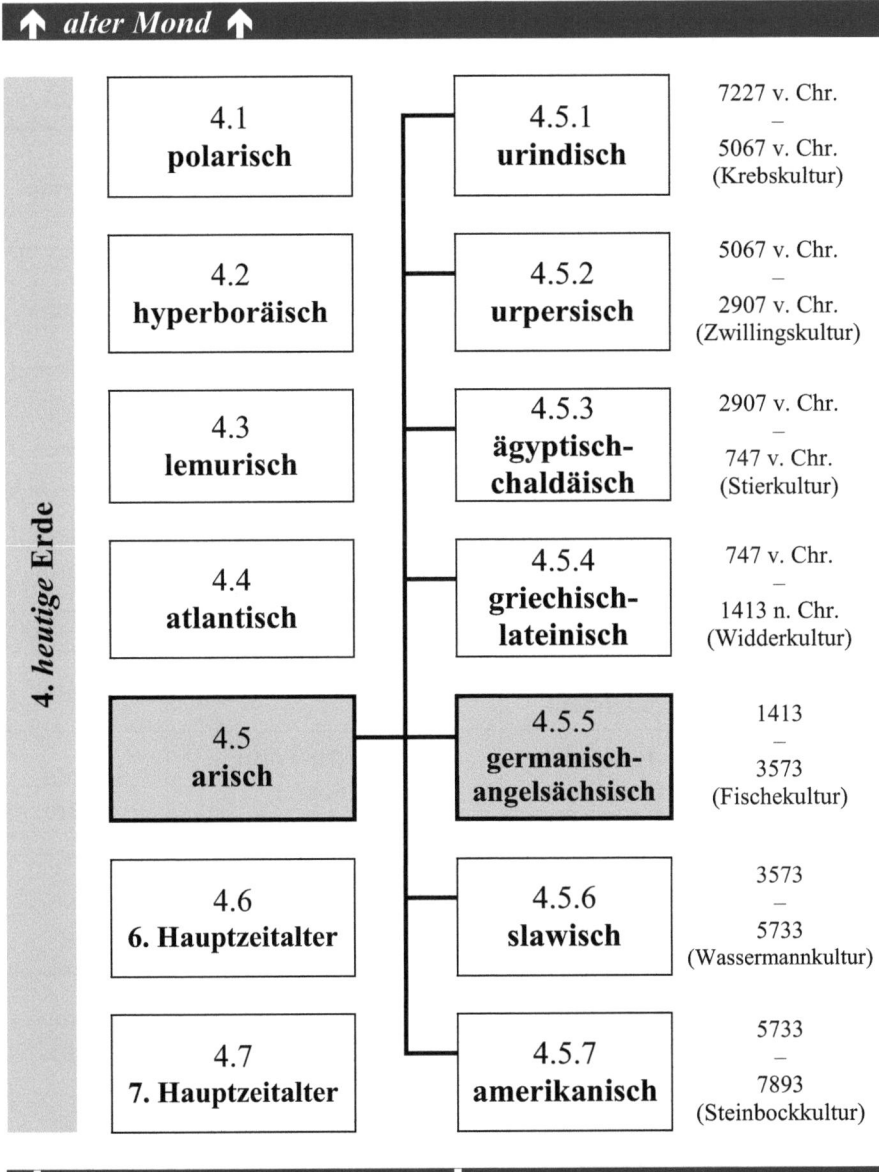

4.1 **polarisch**	**4.5.1** **urindisch**	7227 v. Chr. – 5067 v. Chr. (Krebskultur)
4.2 **hyperboräisch**	**4.5.2** **urpersisch**	5067 v. Chr. – 2907 v. Chr. (Zwillingskultur)
4.3 **lemurisch**	**4.5.3** **ägyptisch-** **chaldäisch**	2907 v. Chr. – 747 v. Chr. (Stierkultur)
4.4 **atlantisch**	**4.5.4** **griechisch-** **lateinisch**	747 v. Chr. – 1413 n. Chr. (Widderkultur)
4.5 **arisch**	**4.5.5** **germanisch-** **angelsächsisch**	1413 – 3573 (Fischekultur)
4.6 **6. Hauptzeitalter**	**4.5.6** **slawisch**	3573 – 5733 (Wassermannkultur)
4.7 **7. Hauptzeitalter**	**4.5.7** **amerikanisch**	5733 – 7893 (Steinbockkultur)

*(linke Randbeschriftung: **4. heutige Erde**)*

Tabelle 3: **Hauptzeitalter der Erde und Kulturepochen unseres heutigen Hauptzeitalters** (mit zeitlicher Einordnung)

Hierar-chie	Reich (Stufe)	christliche Bezeichnung	*alternative* Bezeichnung (*vorwiegend* nach Rudolf Steiner)	Herrschafts-gebiet
1.	1	**Seraphim**	Geister der Liebe	Tierkreis
	2	**Cherubim**	Geister der Harmonien	Tierkreis
	3	**Thronoi** (Throne)	Geister des Willens	Saturn-sphäre
2.	4	**Kyriotetes** (Herrschaften)	Geister der Weisheit, Weltenlenker	Jupiter-sphäre
	5	**Dynamis** (Mächte, Tugenden)	Geister der Bewegung, Weltenkräfte	Mars-sphäre
	6	**Exusiai** (Gewalten, Obrigkeiten)	Geister der Form, Offenbarer, Elohim (gemäß Genesis)	Sonnen-sphäre
3.	7	**Archai** (Urbeginne, Fürstentümer)	Geister der Persönlichkeit, Urengel, Urkräfte, Jamim (gemäß Genesis), **Zeitgeister**	Venus-sphäre
	8	**Archangeloi** (Erzengel)	Engel des Anfangs, Feuergeister, **Volksgeister**	Merkur-sphäre
	9	**Angeloi** (Engel)	Söhne des Lebens, Genius, Götterboten, **Schutzengel**	Monden-sphäre

Tabelle 4: **Die geistigen Wesen der höheren Hierarchien**

Name	Planetensphäre	Regentschaft der letzten 2.000 Jahre
Oriphiel	Saturn	200 v. Chr. – 150 n. Chr.
Anael	Venus	150 – 500 n. Chr.
Zachariel	Jupiter	500 – 850 n. Chr.
Raphael	Merkur	850 – 1190 n. Chr.
Samael	Mars	1190 – 1510 n. Chr.
Gabriel	Mond	1510 – November 1879 n. Chr.
Michael	Sonne	November 1879 – 2300 n. Chr.

Tabelle 5: **Die führenden Erzengel und ihre Regentschaft**

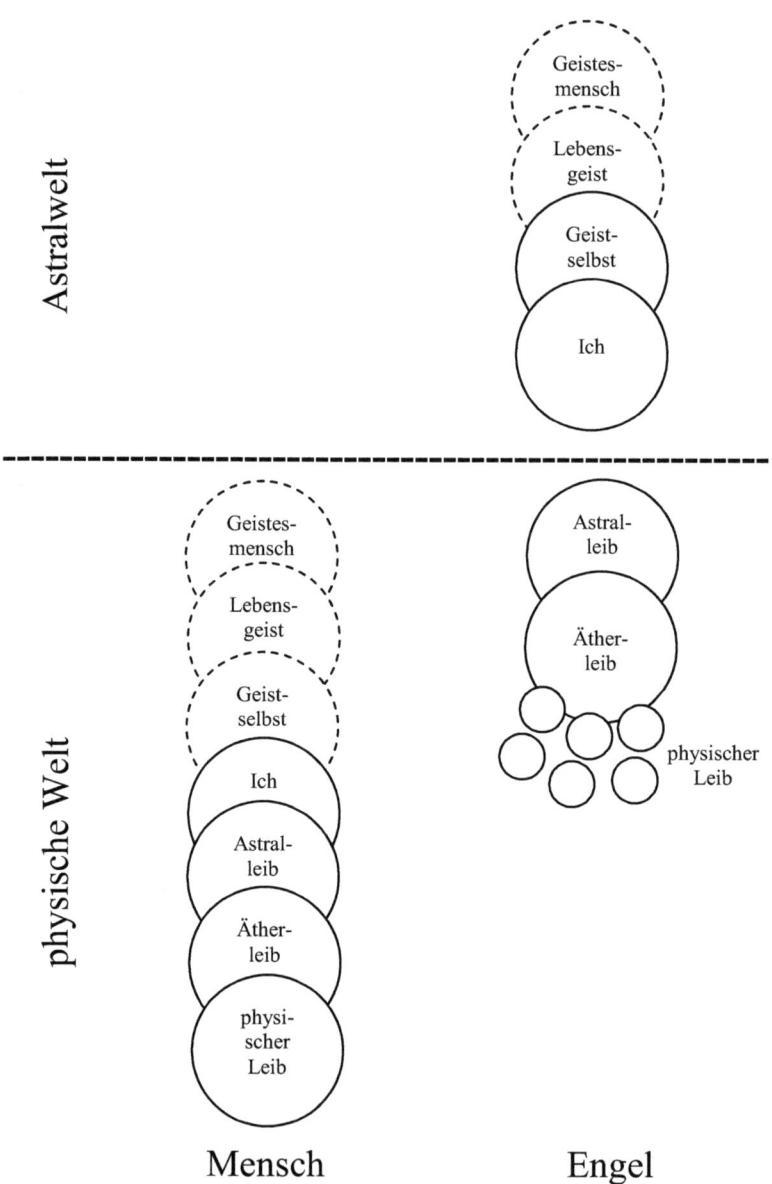

Skizze 1: **Die Wesensglieder des Menschen und der Engel**

A2 Engelbotschaften

Man hört und liest heute sehr viel von Menschen, die vorgeben, Botschaften von Engeln zu empfangen. Man spricht hier von sogenannten »Engelbotschaften« oder »Geistdurchsagen«.

In den meisten Fällen findet diese Kommunikation auf medialem Weg statt. Die Person, welche die Botschaften empfängt, versetzt sich in einen Trancezustand, und das ›geistige Wesen‹, das die Mitteilungen macht, benutzt die Sprechwerkzeuge des Mediums. Im Normalfall ist es so, dass eine anwesende Person, der die Mitteilungen gelten, eine Frage stellt. Diese Frage wird dann von dem ›Geistwesen‹ durch die Stimme des Mediums mehr oder weniger ausführlich beantwortet. Bei den auf diese Weise erhaltenen Antworten bzw. Botschaften kann es sich durchaus um tiefe spirituelle Wahrheiten handeln. Oftmals sind es aber sehr banale und fragwürdige Informationen, die auf diesem Weg vermittelt werden.

Solche auf medialem Weg erhaltene Botschaften sind grundsätzlich mit größter Skepsis zu betrachten. Daher soll diesem Thema hier auch nur kurz im Anhang Raum gegeben werden.

Der gewichtigste Grund, warum solche ›Geistdurchsagen‹ mit Vorsicht zu genießen sind, ist der, dass die Medien sich während der Durchsagen in einem Trancezustand befinden. Ihr Ich-Bewusstsein ist während dieser Zeit ausgeschaltet oder zumindest stark herabgedämpft. Sie bekommen also von dem, was da geschieht, nichts mit. Ihr kritischer Verstand muss schweigen. Sie sind von dem Geistwesen ›besetzt‹, um nicht zu sagen ›besessen‹. Das ist natürlich mit größten Gefahren verbunden. Manipulationen jeglicher Art sind Tür und Tor geöffnet. In einem etwas extremen Fall könnte es sich durchaus so verhalten, dass sich das jenseitige Wesen etwa als Erzengel oder ›Geist Gottes‹ ausgibt, obwohl es sich bei ihm nur um einen normalen Verstorbenen oder gar um einen ›Dämonen‹ handelt, der sich, um mit irdischen Worten zu sprechen, nur wichtig machen oder gar einen Schabernack treiben möchte

Allerdings treten in unserer Zeit immer mehr Menschen auf, die über eine große geistige Offenheit und Stärke sowie eine gewisse Sensibilität bzw. »Hellfühligkeit« verfügen, so dass sich ihnen insbesondere auch höhere geistige Wesenheiten offenbaren können.

Im entscheidenden Unterschied zu den Medien empfangen diese Menschen die Botschaften nicht in einem Trancezustand, sondern unter Aufrechterhaltung ihres vollen Ich-Bewusstseins, wie das für unsere heutige Zeit angemessen und notwendig ist. Während diese Botschaften mal in Worten, mal in Bildern in ihrem Inneren aufsteigen, können sie diese mit ihren Denkkräften durchdringen und abwägen. Dadurch unterscheiden sich diese Engelbotschaften ganz wesentlich von denen, die auf medialem Wege erfolgen.

Es soll nicht daran gezweifelt werden, dass das eine oder andere Medium auch die Mitteilungen eines *Engels* zu empfangen vermag. Der Mediumismus ist allerdings heute nicht mehr zeitgemäß. In einer Engelsbotschaft aus dem Buch *»Was Engel uns heute mitteilen wollen«* von *Irene Johanson* heißt es dazu: *»Trance ist ein verschwommenes Mittel. Man sollte damit nicht arbeiten. Der wahre Geist verlässt den Körper, und es kann leider jeder Schabernack damit treiben. Es gibt einige wenige Menschen, die nur in Trance Engel empfangen können. Das hat aber mehr mit ihrer eigenen seelisch-körperlichen Verfassung zu tun. Das ist schwierig zu beschreiben. Diese Menschen waren auserwählt, Mittler zu sein, aber sie sind zu schwach. Sie konnten es körperlich und geistig nicht ertragen, mit uns direkt zu sprechen. Die innere Zentriertheit ist wichtig. [...] Trancemeldungen gehören nicht mehr in diese Zeit. Der Geist muss im Körper sein. Das ist das Wichtigste. Der Geist muss wach sein. In Trance verlässt der Geist den Körper und legt sich schlafen. Das kann nicht richtig sein.«*[1]

Die Mitteilungen, die von einem Engel kommen, unterscheiden sich in mancherlei Hinsicht von denen, die ein Medium von einem meistens nicht näher definierbaren Wesen empfängt. Ein Engel wird nicht einfach drauflosplaudern oder sich als Lehrmeister aufspielen. Viel eher ist es so, dass er darauf wartet, dass ihm die ›richtigen‹

Fragen gestellt werden. Diese ist er dann gern bereit zu beantworten, soweit er erkennt, dass der Fragesteller die für die Antwort notwendige geistige Reife hat und dass diese ihn nicht in seiner persönlichen Freiheit beschränkt. So kommt es durchaus häufig vor, dass er keine Antwort gibt, was er allerdings auch sehr wohl begründet. Zwei Beispiele für eine solche Begründung sind dem bereits erwähnten Buch von Frau Johanson entnommen. In einem Fall heißt es: *»Diese Frage hat mit dem ganz persönlichen Karma des Fragenden zu tun. Er braucht dieses Problem und muss selber damit zurecht kommen. Wir geben keine Antwort.«*[2] In einem zweiten Fall spricht der Engel: *»Nur ein reifer, runder Mensch kann mit uns in Verbindung treten. Unsere Antworten würde dieser nicht verkraften. Wir halten den Spiegel vor und stellen auch Forderungen. Es ist nicht immer erfreulich, mit uns zu verkehren.«*[2]

Wer sich näher mit dem Thema »Engelbotschaften« befassen möchte, sollte bei der einschlägigen Literatur sowie den entsprechenden Internetseiten die Spreu vom Weizen trennen lernen. Nicht in allen Fällen handelt es sich um zeitgemäße Mitteilungen von Engeln in dem zuvor charakterisierten Sinn.

Des Engels Flügelschlag

Des Engels Flügelschlag erfüllt das All.

Er wallt herab mit Hall und Widerhall,

hat Gold und Silber und Kristall

von Mondensichel, Stern und Sonnenball,

hat Brennen und Erblassen der Planeten,

hat Blitz und Aschenregen der Kometen

gebändigt in dem Busen zu Gebeten.

Er schwebt mit seinen lichterübersäten,

demütiglich und still gekreuzten Flügeln

auf Golgatha gebeingehäuften Hügeln,

das Testament des Heilands zu entsiegeln.

O heilger Geist, was gab sein Tod uns kund?

- Das Wörtchen Liebe lag auf seinem Mund

und es bewegte sich das Weltenrund.

Albert Steffen[3]

So lang mein Engel seine Hand

mir zart auf meine Schulter legt,

weiß ich, es ist nicht alles Tand,

was sich auf dieser Erde regt.

Doch sein Berühren zu erkennen,

ist uns, den Menschen nicht Geschick,

nicht auszumachen, zu benennen

den wunderbaren Augenblick.

Es ist nicht Freude, auch nicht Schmerz,

man sieht nicht, hört nicht, was sich regt,

es zeigt sich nur, wenn dir das Herz

ein kleines bißchen leichter schlägt.

Dmitrij Klenovskij[4]

Quellennachweis

Bei den Werken Rudolf Steiners sind im Quellennachweis die offiziellen Nummern der Gesamtausgabe (GA-Nr.) verwendet worden. Die kompletten Angaben zu allen Werken, soweit sie für dieses Buch relevant waren, finden Sie im Literaturverzeichnis.

Vorspann und Vorwort

1   Loebner, Renate: *Blatt für Blatt Zuversicht.* Mühldorf, Selbstverlag (2005)
2   Lukas 1, 30ff.
3   Lukas 2, 10ff.
4   vgl. Matthäus 1, 20ff.
5   vgl. Matthäus 2, 13f.
6   vgl. Matthäus 2, 19ff.

Kapitel 1 (Das Wesen des Menschen)

1   vgl. GA 194, S. 204
2   *»Katechismus der katholischen Kirche«* (2003), Nr. 355, S. 122
    und 1. Mose 1, 27
3   GA 101, S. 211
4   GA 13, S. 57f.
5   GA 95, S. 154
6   vgl. GA 164, S. 109f.
7   GA 93, S. 143f.
8   GA 143, S. 49f.
9   GA 107, S. 267
10 GA 175, S. 53

Kapitel 2 (Übersinnliche Welten und ihre Wahrnehmung)

1   GA 10, S. 16
2   vgl. etwa 2. Petrus 3, 13; Matthäus 5, 45; Matthäus 7, 21
3   2. Korinther 12, 2f.
4   GA 54, S. 136

Kapitel 3 (Reinkarnation und Karma)

1 Zitat von *Albert Steffen*; entnommen aus Reuschle, Frieda Margarete: *Tod wird Leben.* Stuttgart: J. Ch. Mellinger (1994), S. 27
2 GA 62, S. 76f.
3 vgl. Matthäus 6, 19
4 GA 94, S. 117
5 GA 53, S. 76f.

Kapitel 4 (Der göttliche Weltenplan)

1 GA 13, S. 428
2 GA 102, S. 65f.
3 Offenbarung 21, 1f.
4 von Halle, Judith: *Der Abstieg in die Erdenschichten – auf dem anthroposophischen Schulungsweg,* Verlag für Anthroposophie (2016), S. 128

Kapitel 5 (Die neun Engelreiche)

1 Kolosser 1, 16
2 Römer 8, 38f.
3 Epheser 1, 20f.
4 vgl. GA 93a, S. 97
5 GA 110, S. 81
6 GA 102, S. 142
7 GA 110, S. 93
8 vgl. GA 93a, 29f.
9 Lukas 1, 26f.
10 GA 110, S. 94
11 GA 105, S. 67
12 1. Mose 1, 1
13 1. Mose 1, 16
14 Lukas 1, 5
15 GA 180, S. 100
16 GA 136, S. 194
17 GA 110, S. 160f.
18 GA 136, S. 79
19 GA 122, S. 114
20 GA 121, S. 89
21 GA 180, S. 103
22 GA 121, S. 92
23 GA 122, S. 98f.
24 1. Mose 3, 5

Kapitel 6 (Das Wesen der Engel)

1   Jesaja 6, 2
2   *»Katechismus der katholischen Kirche«* (2003), Nr. 335, S. 118
3   *»Katechismus der katholischen Kirche«* (2003), Nr. 329, S. 116
4   *»Katechismus der katholischen Kirche«* (2003), Nr. 329, S. 116f.
5   *»Katechismus der katholischen Kirche«* (2003), Nr. 330, S. 117
6   GA 110, S. 112f.
7   Hebräer 1, 7
8   Offenbarung 10, 1
9   Johannes 5, 4
10   GA 105, S. 65f.
11   GA 110, S. 111f.
12   GA 122, S. 135f.
13   GA 98, S. 222
14   vgl. GA 102, S. 138f.
15   GA 98, S. 225f.
16   GA 96, S. 159
17   GA 97, S. 296
18   GA 166, S. 97
19   1. Moses 1, 4
20   1. Moses 1, 10; 1, 12; 1, 18; 1, 21; 1, 25 und 1, 31
21   GA 136, S. 50f.
22   GA 136, S. 51
23   GA 136, S. 52f.
24   GA 136, S. 53
25   GA 107, S. 197
26   GA 136, S. 63
27   GA 98, S. 91f.

Kapitel 7 (Die Aufgaben der Engel)

1   GA 110, S. 92f.
2   GA 105, S. 61
3   vgl. *»Katechismus der katholischen Kirche«* (2003), Nr. 1013, S. 290
4   vgl. GA 205, S. 108
5   von Halle, Judith: *Anna Katharina Emmerick – eine Rehabilitation.* Dornach: Verlag für Anthroposophie (2013), S. 143
6   Johanson, Irene: *Was Engel uns heute mitteilen wollen.* Stuttgart: Urachhaus (2002), S. 26f.
7   *»Katechismus der katholischen Kirche«* (2003), Nr. 336, S. 118
8   vgl. Matthäus 2, 13f.
9   Psalm 91, 11

10 vgl. https://medialenschule.de/0207-josef-die-organisation-von-ereignissen-mit-massencharakter-im-jenseits-am-beispiel-vom-world-trade-center-vom-11-september/ (vom 14.07.2018)

11 GA 141, S. 62

12 Schröder, Hans-Werner: *Mensch und Engel*. Stuttgart: Freies Geistesleben und Urachhaus (1998), S. 43

13 GA 127, S. 64

14 GA 127, S. 62f.

15 GA 127, S. 63

16 GA 184, S. 51f.

17 GA 205, S. 233

18 GA 209, S. 36

19 GA 175, S. 68

20 GA 175, S. 53

21 GA 105, S. 60

22 Matthäus 22, 30

23 Offenbarung 7, 9

24 GA 105, S. 60f.

25 GA 121, S. 61

26 GA 102, S. 141f.

27 GA 121. S .61

28 GA 172, S.179f.

29 Lukas 16, 22

30 GA 231, S. 142

31 vgl. GA 231, S. 141ff.

32 GA 209, S. 37

33 GA 205, S. 235

34 GA 110, S. 120

35 GA 129, S. 79

36 GA 204, S. 269f.

37 GA 176, S. 319

38 GA 205, S. 235

Kapitel 8 (Was können wir für unseren Engel tun?)

1 Hausen, Ursula: *Den Tod als Freund erleben lernen*. Stuttgart: Urachhaus (2003), S. 149

2 GA 266b, S. 169f.

3 GA 266b, S. 170

4 GA 168, S. 112

5 GA 237, S. 143f.

Anhang

1 Johanson, Irene: *Was Engel uns heute mitteilen wollen.*
  Stuttgart: Urachhaus (2002), S. 89
2 Johanson, Irene: *Was Engel uns heute mitteilen wollen.*
  Stuttgart: Urachhaus (2002), S. 90
3 entnommen aus Schröder, Hans-Werner: *Mensch und Engel.*
  Stuttgart: Freies Geistesleben und Urachhaus (1998), S. 252f.
4 entnommen aus Schröder, Hans-Werner: *Mensch und Engel.*
  Stuttgart: Freies Geistesleben und Urachhaus (1998), S. 260

Literaturverzeichnis

Alle Werke von Rudolf Steiner wurden herausgegeben von der *»Rudolf Steiner-Nachlassverwaltung«* und sind im *»Rudolf Steiner Verlag«*, Dornach/Schweiz erschienen. Dort kann auch der *»Katalog des Gesamtwerks«* angefordert werden.

Die bisher im Rahmen der Gesamtausgabe des Werkes Rudolf Steiners erschienenen Bücher sind durch die »Freie Verwaltung des Nachlasses von Rudolf Steiner« im Internet unter

http://www.fvn-rs.net

frei verfügbar. (Stand 01.04.2021)

Im Folgenden sind nur diejenigen Werke aufgeführt, die der Verfasser für dieses Buch herangezogen hat.

GA	10	*Wie erlangt man Erkenntnisse der höheren Welten?* (1992)
GA	13	*Die Geheimwissenschaft im Umriss* (1989)
GA	53	*Ursprung und Ziel des Menschen – Grundbegriffe der Geisteswissenschaft* (1981)
GA	54	*Die Welträtsel und die Anthroposophie* (1983)
GA	62	*Ergebnisse der Geistesforschung* (1988)
GA	93	*Die Tempellegende und die Goldene Legende als symbolischer Ausdruck vergangener und zukünftiger Entwickelungsgeheimnisse des Menschen – Aus den Inhalten der Esoterischen Schule* (1991)
GA	93a	*Grundelemente der Esoterik* (1987)
GA	94	*Kosmogonie –Populärer Okkultismus – Das Johannes-Evangelium – Die Theosophie anhand des Johannes-Evangeliums* (2001)
GA	95	*Vor dem Tore der Theosophie* (1990)
GA	96	*Ursprungsimpulse der Geisteswissenschaft – Christliche Esoterik im Lichte neuer Geist-Erkenntnis* (1989)
GA	97	*Das christliche Mysterium – Die Wahrheitssprache der Evangelien – Luzifer und Christus – Alte Esoterik und Rosenkreuzertum – Erkenntnisse und Lebensfrüchte der Geisteswissenschaft* (1998)
GA	98	*Natur- und Geistwesen – ihr Wirken in unserer sichtbaren Welt* (1996)

GA 209 *Nordische und mitteleuropäische Geistimpulse – Das Fest der Erscheinung Christi* (1982)

GA 231 *Der übersinnliche Mensch anthroposophisch erfaßt* (1999)

GA 237 *Esoterische Betrachtungen karmischer Zusammenhänge – Dritter Band – Die karmischen Zusammenhänge der anthroposophischen Bewegung* (1991)

GA 266b *Aus den Inhalten der esoterischen Stunden* (1996)

Umfassende Informationen

zu vielen weiteren Büchern

von Josef F. Justen

(Sachbücher, Erzählungen,

Biografien und Kurzgeschichten)

mit ausführlichen Leseproben

finden Sie auf der

offiziellen Autoren-Website:

www.Justen-Buecher.com

Buchempfehlungen

**Die spirituelle Seite
des Todes**

**Christus-Impuls, Reinkarnation,
Leben nach dem Tod und
Sinn des Lebens**

Verlag: BoD – Books on Demand,
Norderstedt

Erscheinungsjahr: 2019

ISBN: 978-3-7322-8495-5

**Das Götterprojekt
»Mensch«**

**Entstehung, Wesen und
Ziel des Menschen**

**Einführung in die grundlegenden
Erkenntnisse der Anthroposophie
Rudolf Steiners**

Verlag: BoD – Books on Demand,
Norderstedt

voraussichtliches
Erscheinungsdatum: Juni 2021

ISBN: 978-3-7534-6343-8